U0936966

高职高专经济管理类专业基础课精品系列教材

电子商务实务

（第二版）

主　编　夏守慧　池　宁

副主编　万明宝　宋文敏　陈晓鸣

科学出版社

北　京

内 容 简 介

编写本书的目的是使读者了解电子商务基本知识与框架，初步掌握网络个人店铺经营能力。全书共八个项目：项目一主要讲述电子商务基础知识和发展历史；项目二主要讲述 B2B、B2C、C2C、C2B、O2O 电子商务模式；项目三主要讲述网络个人店铺的开启与装修；项目四主要讲述店铺运营的基本知识与操作；项目五以淘宝个人店铺为例，主要讲述直通车、超级推荐等推广工具；项目六主要讲述电子支付工具和电子商务安全知识；项目七主要讲述物流基本知识；项目八主要讲述电子商务创业的概念与形式。

本书以理论知识为基础，从电子商务实际工作岗位出发，重视电子商务实践操作能力引导与培养，实践操作流程以图示形式显示，取材新颖，通俗易懂，聚焦电子商务热点与前沿信息。

本书既可作为高等职业院校电子商务、跨境电子商务、国际商务、市场营销、商务数据分析与应用等相关专业的电子商务基础教材，又可作为自学参考书与培训教材。

图书在版编目（CIP）数据

电子商务实务/夏守慧，池宁主编．—2 版．—北京：科学出版社，2022.2
（高职高专经济管理类专业基础课精品系列教材）

ISBN 978-7-03-067671-9

Ⅰ.①电… Ⅱ.①夏… ②池… Ⅲ.①电子商务-高等职业教育-教材
Ⅳ.①F713.36

中国版本图书馆 CIP 数据核字（2020）第 269792 号

责任编辑：薛飞丽　周春梅 / 责任校对：王万红
责任印制：吕春珉 / 封面设计：东方华平面设计部

科学出版社出版

北京东黄城根北街 16 号
邮政编码：100717
http://www.sciencep.com

三河市骏杰印刷有限公司印刷

科学出版社发行　各地新华书店经销

*

2012 年 7 月第　一　版　开本：787×1092　1/16
2022 年 2 月第　二　版　印张：10 1/2
2025 年 7 月第十四次印刷　字数：248 000

定价：34.00 元

（如有印装质量问题，我社负责调换）

销售部电话 010-62136230　编辑部电话 010-62135763-2039

高职高专经济管理类专业基础课精品系列教材
编写委员会

第二版前言

随着我国互联网的发展，网民人数不断增多，电子商务发展环境不断优化。在政府的重视与引导下，电子商务全面渗透传统经济，融合第一、第二、第三产业推动经济发展，改变了人们的生活方式。移动电子商务、跨境电子商务等为电子商务带来了新的发展方向，短视频、直播电商等为电子商务拓展了渠道与内容。为更准确地展示电子商务发展的成果，让读者更确切地掌握电子商务的发展现状与趋势，学习电子商务前沿知识与技能，编者对第一版进行更新。

本书沿用第一版的写作思路，删除部分陈旧内容，新增电子商务前沿知识与实训技能项目，并更新案例与数据。具体为：项目一更新电子商务发展现状与实训项目；项目二新增 C2B 和 O2O 电子商务模式；项目三全面更新网上开店操作流程，新增店铺装修和手机店铺开设内容；项目四和项目五为新增内容，加入店铺运营和推广知识及实训项目；项目六更新电子货币知识，增加网络交易安全防范；项目七更新电子商务物流知识与案例；项目八为新增内容；新增电子商务专业术语。此外，删除第一版中的网络营销和国际电子商务相关内容，改编移动电子商务，进一步调整内容结构、修正语言表述，使之更加准确。

本书对电子商务基础知识和网络店铺做了详细描述，每个项目由案例导入，提升读者的学习兴趣。理论结合实践操作，每个项目讲述电子商务理论知识后，结合理论知识设计相应实训任务，实训任务依托真实平台，全真操作，工作手册式指导实践是基于实际工作的技能训练，融“教、学、做”于一体。书中对操作流程有详细描述，通俗易懂，方便读者结合理论知识开展实践操作训练，训练结果的真实有效性能够进一步提升读者的学习兴趣，并加强电子商务创业能力训练。

本书由夏守慧、池宁担任主编，万明宝、宋文敏、陈晓鸣担任副主编，夏守慧负责统稿。编写分工如下：项目一、项目三、项目四、项目六由夏守慧执笔完成，池宁参与编写项目三；项目二由池宁执笔完成；项目五由万明宝执笔完成，池宁参与编写；项目七由宋文敏执笔完成，夏守慧参与编写案例；项目八由陈晓鸣执笔完成。

编者在编写本书的过程中得到科学出版社和杭州普特教育咨询有限公司的大力支持，杭州普特教育咨询有限公司、杭州领聚创海信息咨询有限公司、温州电商产业园从企业人才培养角度提出修改建议，在此谨表衷心感谢。此外，编者借鉴与参考了许多教材、著作和网上资料，引用了部分经典理论与优秀案例，在此向有关作者表示诚挚的感谢。

由于编者学术水平有限，对电子商务知识及技能项目的选择与编写难免存在不足之处，敬请各位读者批评指正。

第一版前言

在我国，电子商务历经十多年的发展，已渗透到人们生活中的方方面面，人们的购物方式、支付手段和企业的经营方式等正在发生根本性的变革。据中国互联网络信息中心发布的《第 29 次中国互联网络发展状况调查统计报告》显示：截至 2011 年 12 月底，中国网民规模达到 5.13 亿，手机网民规模达到 3.56 亿，互联网普及率达到 38.3%。面对如此庞大的市场，众多企业负责人、信息技术人员、个体户、互联网用户以及相关领域教师和学生，都迫切希望了解电子商务，掌握电子商务专业技能。

根据《教育部关于全面提高高等职业教育教学质量的若干意见》（教高〔2006〕16 号）所倡导的“大力推行工学结合，突出实践能力培养，改革人才培养模式”的精神，在广泛听取电子商务行业与企业专家、职教专家意见的基础上，我们编写了本书。

本书根据职业岗位要求，以工学结合为切入点，采用理实一体化的方式编写，体现以就业为导向，以培养高素质高技能专门人才为目标，强调理论知识与技能操作的融合。本书共分八个单元，主要包括认识电子商务、电子商务模式、网上开店、网络营销、电子支付与安全、电子商务与物流、移动电子商务、国际电子商务等内容；每个单元分理论知识和实训任务两部分，理论知识贴近行业前沿，实训任务以真实环境操作和案例分析为主，重视对学生专业知识的应用能力的培养；单元中还设置了学习目标（包括知识目标和能力目标）、引导案例、知识扩充等，并列举了大量的真实案例，以引导学生学习，培养学生的自学能力。通过每个部分专业理论知识的学习，利用实训任务加强学生对理论知识的理解，强化学生实践操作的能力，融“教、学、做”于一体，重点培养学生的就业竞争力和发展潜力，努力提升学生的职业素养，以满足其劳动就业和持续发展的需要。

本书由夏守慧、池宁负责统稿总纂，参加编写的还有王洁霜、陈晓鸣、宋文敏、万明宝、曾步植、赵贞义、陈建胜。全书编写分工如下：夏守慧编写单元一、单元五、单元七，王洁霜编写单元二，池宁编写单元三、单元四，宋文敏编写单元六，陈晓鸣编写单元八，万明宝、曾步植、赵贞义、陈建胜等参与编写部分案例分析。

由于编者水平有限，编写时间仓促，书中难免有不足之处，敬请广大读者批评指正。

目　　录

项目一
认识电子商务

学习目标

知识目标

- 掌握电子商务的定义。
- 掌握电子商务与传统商务的区别。
- 了解我国电子商务的发展现状与发展历程。

能力目标

- 掌握网络购物的基本流程。
- 掌握域名选取与注册的流程。

引导案例

案例一　“双十一”引爆购物狂欢

1. “双十一”简介

“双十一”是指每年的 11 月 11 日，以电子商务为代表、在全国范围内兴起的大型购物促销狂欢活动。自 2009 年起，以天猫、京东、苏宁易购为代表的大型电子商务网站一般会利用 11 月 11 日这一天进行一些大规模的打折促销活动，以提高销售额，这逐渐成为中国互联网最大规模的商业促销狂欢活动。

“双十一”不仅让电商热衷于促销，就连运营商也开始搞促销活动了。阿里巴巴集团控股有限公司（以下简称“阿里巴巴集团”）于 2011 年 11 月 1 日向国家商标局提出了“双十一”商标注册申请；2012 年 12 月 28 日取得该商标的专用权；2014 年 10 月末，阿里巴巴集团发出通告函，称阿里巴巴集团已经取得了“双十一”注册商标。

2. 阿里巴巴集团历年“双十一”成交数据

2009 年，淘宝“双十一”销售额为 0.5 亿元。

2010 年，淘宝“双十一”销售额为 9.36 亿元。

2011 年，淘宝“双十一”销售额为 53 亿元。

2012 年，“双十一”当日支付宝交易额实现飞速增长，达到 191 亿元，其中天猫 132 亿元、淘宝 59 亿元；订单总数达到 1.058 亿笔。

2013 年，阿里巴巴集团各平台“双十一”总交易额为 362 亿元。

2014 年，阿里巴巴集团各平台“双十一”全天交易额为 571 亿元，移动占比为 42.6%。

2015 年，阿里巴巴集团各平台“双十一”全天交易额为 912 亿元，其中，无线交易额为 626.42 亿元，无线成交占比为 68.69%。

2016 年，阿里巴巴集团各平台“双十一”全天交易额为 1207 亿元，其中，无线端占比为 82%，同比增长 32.3%。

2017 年，阿里巴巴集团各平台“双十一”全天交易额为 1682 亿元，移动端成交占比为 90%，同比增长 39%。

2018 年，阿里巴巴集团各平台“双十一”全天交易额为 2135 亿元，全天物流订单量定格在 10.42 亿单，宣告智能物流骨干网正式进入 10 亿包裹时代。

2019 年，阿里巴巴集团各平台“双十一”全天交易额为 2684 亿元，再次创下新纪录。

2020 年 11 月 1～11 日，天猫成交总额（gross merchandise volume，GMV）为 4982 亿元，8 亿消费者参与，450 个品牌销售过亿元，3 万海外品牌参加，进口电子商务增长 50%，双“十一”物流 23.21 亿单。直播带货成为本年“双十一”的亮点。

2021 年，阿里巴巴集团各平台“双十一”全天交易额为 5403 亿元。

3. “双十一”的作用

“双十一”可以说是给全国人民进行了若干次的电子商务普及教育。各大平台利用年终商家清仓的时机，鼓励商家以特价商品吸引顾客，造就了众多销量神话，客观上也在全国范围内普及了电子商务。值得注意的是，“双十一”并非阿里巴巴集团独家的盛宴，也是京东、苏宁等电子商务平台共同参与的盛大促销活动。从近年电子商务的交易数据可以窥见中国庞大的内需市场和消费升级活力，不但线上消费热情高涨，线下澎湃的消费潜力也进一步得以释放。

（资料来源：编者根据相关资料整理。）

案例二　网上订花

王华在杭州市一家外贸公司上班，平日工作繁忙。情人节到了，他很想给身在北京的女朋友送一束玫瑰花，可由于工作忙碌实在无法脱身。朋友得知后，告诉他可以在网上订花，于是王华打开花礼网为女朋友购买了一束玫瑰花，配送人员在情人节当天将鲜花送到了王华女朋友的手中。

随着电子商务的发展，目前有不少企业提供鲜花定制服务，以月费或年费形式收取费用，在精确了解客户爱好后，每周或每月定时提供鲜花配送服务。

（资料来源：编者编写。）

思考：

1）你在日常生活中接触过哪些电子商务活动？

2）随着智能手机的普及和手机网民的增多，电子商务交易是利用计算机端更多还是手机端更多？两者之间开展营销活动，有何区别？

理论知识

一、电子商务概述

1. 电子商务的定义

电子商务虽已渗透到人们生活的方方面面，但至今还没有一个统一的定义。下面列举几个比较常见的电子商务定义。

联合国经济合作和发展组织（Organisation for Economic Co-operation and Development，OECD）认为：电子商务是发生在开放网络上的包含企业之间（business to business，B2B）、企业和消费者之间（business to consumer，B2C）的商业交易。

联合国国际贸易法委员会（United Nations Commission on International Trade Law，UNCITRAL）认为：电子商务有采用电子数据交换和其他通信方式增进国际贸易的职能。

全球信息基础设施委员会（Global Information Infrastructure Commission，GIIC）电子商务工作委员会在其报告草案中指出：电子商务是运用电子通信作为手段的经济活动，通过这种方式人们可以对带有经济价值的产品和服务进行宣传、购买和结算。

国际标准化组织（International Organization for Standardization，ISO）、国际电工委员会（International Electrotechnical Commission，IEC）和联合国欧洲经济委员会（the United Nations Economic Commission for Europe，UNECE）共同签署的有关电子商务的谅解备忘录中指出：电子商务是企业之间、企业与消费者之间信息内容与需求交换的一种通用术语。

国际商业机器公司（International Business Machines Corporation，IBM）认为电子商务（E-business）概念包括三个部分：内联网（intranet）、外联网（extranet）、电子商务（E-commerce）。它所强调的是在网络计算环境下的商业化应用，不仅仅是硬件和软件的结合，也不仅仅是通常意义下的强调交易的狭义的电子商务（E-commerce），而是把买方、卖方、厂商及其合作伙伴在互联网（internet）、内联网（intranet）和外联网（extranet）结合起来的应用。

美国惠普公司（Hewlett-Packard，HP）提出电子商务、电子业务、电子消费和电子化世界的概念。它对电子商务的定义是：通过电子化手段来完成商业贸易活动的一种方式，电子商务使人们能够以电子交易为手段完成物品和服务等的交换，是商家和客户之间的联系纽带。

通用电气公司（General Electric Company，GE）认为：电子商务是通过电子方式进行的商业交易，分为企业与企业之间的电子商务和企业与消费者之间的电子商务。

在我国，经常把电子商务分为广义电子商务和狭义电子商务。

广义电子商务（electronic business，E-business 或 EB）常指各行各业（如政府机构、企事业单位等）各种业务的电子化与网络化，常被称为“电子业务”，包括对内信息化管理、对外信息公开（发布）、客户服务、与商务伙伴之间的合作、狭义电子商务等。

狭义电子商务（electronic commerce，E-commerce 或 EC）常指利用互联网络进行的以商品、服务和信息的购买、销售与交换为中心的各种商务活动，包括网络购物、网络广告等。

广义电子商务与狭义电子商务的关系如图 1.1 所示。

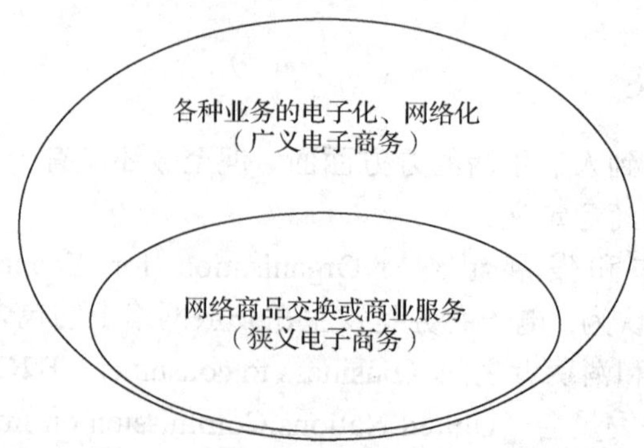

图 1.1　广义电子商务与狭义电子商务的关系

2. 电子商务的结构

一次完整的电子商务交易需要有交易主体的参加、交易事务的发生和交易的场所（电子市场），交易过程中涉及物流（直接电子商务无物流）、资金流和信息流。在电子市场中买卖双方在网上交易，完成商品、服务和信息的交换，如图 1.2 所示。

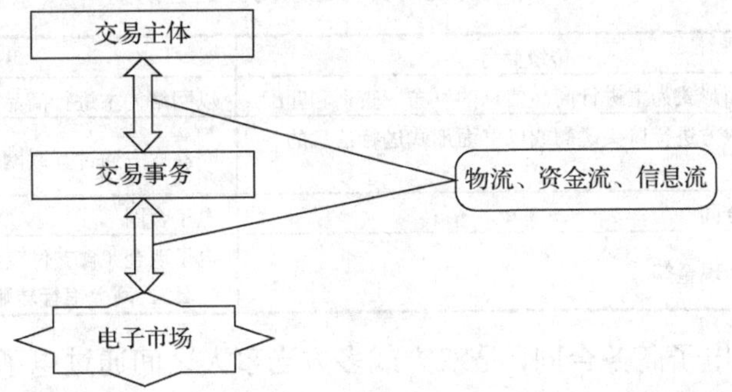

图 1.2　电子商务的结构

在物流、资金流、信息流发生的过程中，需要物流配送中心、银行、商家、消费者、政府、CA（certificate authority，证书授权）中心、电子市场和 Internet 服务提供商的参与，如图 1.3 所示。

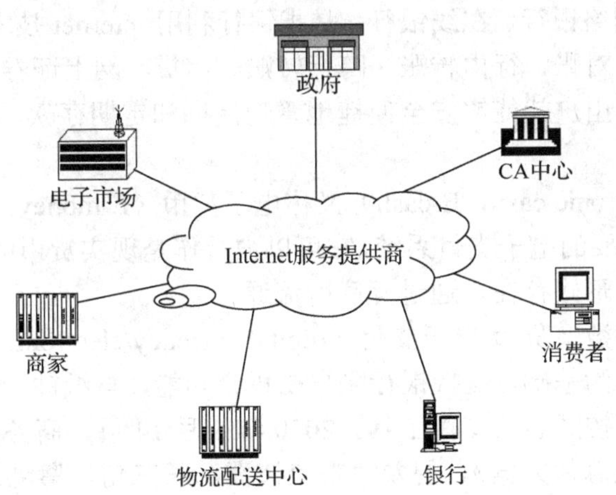

图 1.3　电子商务交易主体

CA 中心是数字证书认证中心的简称，是指发放、管理、废除数字证书的机构。CA 中心的作用是检查证书持有者身份的合法性，并签发证书（在证书上签字），以防证书被伪造或篡改，以及对证书和密钥进行管理。

二、传统商务与电子商务的区别

从交易环节上看，传统商务与电子商务在交易前准备、协商过程、合同签订及支付结算等交易环节有区别，如表 1.1 所示。

表 1.1　传统商务与电子商务的区别

交易环节	传统商务	电子商务
交易前准备	以书面形式为主进行商品信息的发布、查询和匹配	以网络为主进行商品信息的发布、查询和匹配
协商过程	交易双方进行口头磋商或以书面形式进行信息的传递	交易双方通过互联网络进行磋商与沟通
合同签订	纸质合同	电子合同
支付结算	支票、现金等	电子现金（含支付宝、微信支付等第三方支付工具）、网上银行转账、数字人民币等

电子合同又称电子商务合同，是双方或多方当事人之间通过电子信息网络以电子的形式达成的设立、变更、终止财产性民事权利义务关系的协议。电子合同是以电子的方式订立的合同，主要是指在网络条件下当事人为了实现一定的目的，通过数据电文、电子邮件等形式签订的明确双方权利义务关系的一种电子协议。电子合同的标的既可以为交付商品，也可以为提供服务。电子合同当事人对交付商品或者提供服务的方式、时间另有约定的，按照其约定执行。

网上银行又称网络银行、在线银行，是指银行利用 internet 技术，通过 internet 向客户提供开户、查询、对账、行内转账、跨行转账、信贷、网上证券、投资理财等传统服务项目，使客户足不出户就能够安全便捷地管理活期和定期存款、支票、信用卡及个人投资理财账户等。

电子现金（electronic cash，E-cash）又称电子货币（E-money）或数字货币（digital cash），是一种非常重要的电子支付系统，它可以被看作是现实货币的电子化或数字模拟。电子现金以数字信息形式存在，通过互联网流通。

数字人民币，即数字货币/电子支付（digital currency/electronic payment，DC/EP），它是以广义账户体系为基础，支持银行账户松耦合功能，与纸钞和硬币等价，并具有价值特征和法偿性的可控匿名的支付工具。2020 年 8 月 14 日，商务部印发《全面深化服务贸易创新发展试点总体方案》，提及“在京津冀、长三角、粤港澳大湾区及中西部具备条件的试点地区开展数字人民币试点”。2020 年 10 月 8 日，广东省深圳市互联网信息办公室发布消息称，为推进粤港澳大湾区建设，结合本地促消费政策，深圳市人民政府近期联合人民银行开展了数字人民币红包试点。

传统商店和网上商店在名称、店面、商品、时间、交易对象等方面也存在差异，如表 1.2 所示。互联网使距离的影响减弱，“买遍全球”成为许多人日常生活的一部分，但全球电子商务也受到物流、气候等因素影响。例如，2020 年新冠肺炎疫情暴发，部分国家与地区物流体系受到影响，进而阻碍人们对跨境电子商务的体验。

表 1.2　传统商店与网上商店的区别

对比项	传统商店	网上商店
名称	店名，如“国美电器”	网站名称和域名，如国美电器唯一官方网上商城——真快乐（https://www.gome.com.cn/）
店面	物理空间的实体店铺	虚拟空间的网站程序
商品	实体商品	虚拟商品（文字、图片、视频等）
时间	固定营业时间（如营业时间为8:00～17:00）	24 小时营业
交易对象	一定地域范围内的消费者	全球消费者

域名（domain name）是由一串用点分隔的名字组成的 internet 上某一台计算机或计算机组的名称，用于在数据传输时标识计算机的电子方位。例如“www.baidu.com”，“baidu”是这个域名的主体；最后的标号“.com”则是该域名的后缀，代表这是一个 com 国际域名，是顶级域名；而前面的“www”是网络名，为 www 的域名。根据中国互联网络信息中心第 48 次《中国互联网络发展状况统计报告》，截至 2021 年 6 月，我国域名总数为 3136 万个。其中，“.CN”域名数量为 1509 万个，占我国域名总数的 48.1%；“.COM”域名数量为 1134 万个，占我国域名总数的 36.2%。

网上商店的商品以数字化形式存在，常以文字、图片、视频等形式显示。随着电子商务工具的不断发展，直播、短视频、VR（virtual reality，虚拟现实）等形式受到网络消费者的喜爱。

三、电子商务的特点

电子商务与传统商务相比还具有以下特点。

1. 便捷性

在电子商务活动中，消费者可以通过互联网络与异地商城或卖家联系选购产品，无须亲自前往当地，在购物完成之后商家通过物流将消费者购买的产品送至消费者指定的地点。电子商务消除了传统商务的地域限制，直接面向全球的消费者，扩大了销售的范围，拓展了销售渠道，也为消费者节约了时间。通过电子商务，消费者只需点击鼠标即可实现货物自动到家，可谓省时、省力、省钱。

随着科技的发展和人们对网络购物更加便利的追求，天猫精灵等语音导购设备逐渐得以发展。电子商务属现代服务业，为提升用户的黏性，电子商务企业不断提高物流服务质量和物流配送的时效性。2017 年进入新零售时期，电子商务企业加快布局线下业务。例如，阿里巴巴集团收购大润发，实现线上天猫超市与线下超市的融合，提升用户体验友好度。

2. 交易虚拟性

电子商务交易活动过程中所显示的商品或服务以数字化形式存储在计算机中，显示在计算机上，以文字、图片、视频等形式展示给人们，即商品、信息与服务以虚拟的形式存在，交易双方通过网络完成交易。

3. 交易成本低

在传统商务活动中，商家通常需要租用实体店铺、聘请工作人员，支出成本较高；而通过电子商务方式，商家可以以远低于实体店铺的费用租用计算机服务器或虚拟空间，聘请较少的工作人员完成商务活动，支出成本远低于传统商务。由于电子商务交易成本低，商家愿意以较低的价格将商品销售给顾客，顾客在节约了时间成本的同时还能享受到价格的优惠，实现了商家与顾客的“双赢”。

随着电子商务的发展，流量获取、营销活动成本逐渐提升，部分电子商务商家经营成本不断攀升。成本高低一般取决于企业的经营策略，开设企业商城店铺的成本远高于个人店铺。随着直播、短视频等新业态的兴起，电子商务的成本构成也随之发生变化。

4. 安全性

在电子商务中，安全性是一个至关重要的问题。它要求网络能提供一种“端到端”的安全解决方案，如加密机制、签名机制、安全管理、存取控制、防火墙、病毒防护等，这与传统商务活动有着很大的不同。在电子商务活动中，必须从交易者身份识别、交易信息传递、网络支付等各环节确保交易安全性。

在日常电子商务活动中，可能会遇到一些不法分子利用人们对互联网、电子商务的不熟悉进行诈骗，或者制造病毒，造成消费者的损失。随着科技的发展和管理部门的整治，电子商务发展环境不断变好。

5. 网络依赖性

知识扩充 1-1

电子商务是随着互联网的发展而兴起的，它依托的载体是互联网和客户终端设备。电子商务是建立在全球性的 internet 基础上的电子商务，如果离开了 internet，也就谈不上电子商务了。随着智能手机、移动网络的发展，移动电子商务快速发展，人们对网络的依赖性也越来越强。第 48 次《中国互联网络发展状况统计报告》显示，截至 2021 年 6 月，我国网民的人均每周上网时长为 26.9 个小时，较 2020 年 12 月提升 0.7 个小时。

四、网络购物

1. 网络购物的基本流程

网络购物流程依据商家不同的设定而有所差异，但大致相同，具体如下。

1）注册并登录购物平台。

2）选取商品。有以下两种方法。

① 通过在首页输入关键字的方法来搜索想要购买的商品。

② 通过网站的分类导航栏找到想要购买的商品分类，根据分类找到想要购买的商品。

3）放入购物车。在想要购买商品的详情页单击“加入购物车”按钮，将商品添加到购物车中；还可以继续挑选商品放入购物车，之后一起结算。

① 在购物车中，系统默认每件商品的订购数量为一件，如果想购买多件商品，可修改购买数量。

② 在购物车中，可以将商品加入收藏夹，或是选择删除。

③ 在购物车中，可以查看商品的价格和名称、促销主题。

④ 购物车页面下方的商品，是网站根据本次挑选的商品为用户提供的推荐商品，以及可以参加选购的特惠活动商品，若有喜爱的商品，则点击该商品图片，进入其详情页，再单击“放入购物车”按钮，将商品放入购物车。

为了提升支付完成率，部分电子商务平台选择使用“一键购物”，即消费者选择商品不再进入购物车，而是通过单击“立即购买”按钮直接完成订单支付。

4）购物车提交订单并完成支付。

① 填写正确完整的收货人姓名、联系方式，以及详细的收货地址和邮编，否则将会影响订单的处理或配送。

② 可以进入个人后台，编辑常用收货地址，保存成功后，在订购时可以直接选择使用。

③ 选择支付方式，如网上银行支付、支付宝等第三方支付，支付前可登记发票信息。

5）提交订单。

① 以上信息核实无误后，单击“提交订单”按钮，系统生成一个订单号，说明用户已经成功提交订单。

② 订单提交成功后，可以登录个人后台查看订单信息，或为订单进行网上支付。

6）确认收货。经过物流配送，消费者收到所购商品，对商品的质量、数量和完整度等方面进行查验，并对购物订单进行收货确认或者退换货处理。

7）售后评价。多数电子商务平台注重消费者的购物体验，售后评价一定程度上影响商品或者店铺权重。例如，在淘宝平台，消费者可以从描述相符、服务态度、物流服务等角度对卖家和产品进行评价。

2. 购物网站

电子商务的发展日新月异，电子商务企业也层出不穷，市场以优胜劣汰的生存法则不停地运转。表 1.3 列举了部分电子商务网站。

表 1.3　部分电子商务网站

电子商务网站	网站域名
阿里巴巴系	阿里巴巴国际站（www.alibaba.com） 阿里巴巴 1688（www.1688.com） 天猫商城（www.tmall.com） 全球速卖通（www.aliexpress.com） 淘宝网（www.taobao.com）
京东商城	www.jd.com
苏宁易购	www.suning.com
拼多多	www.pinduoduo.com
唯品会	www.vip.com
博库网	www.bookuu.com
当当网	www.dangdang.com

随着移动电子商务的发展，抖音小店、微信小商店、快手小店等平台涌现，电子商务平台形式多样化，移动端已经成为商家的必争之地。

电子商务公司众多，消费者不可能全部熟识，各平台或卖家标识的同一产品的价格也有所差异，比价购物类网站也因此涌现，如一淘网（www.etao.com）等。

五、我国电子商务发展史

1. 起步期

1990～1993 年，进入电子数据交换时代，成为我国电子商务的起步期。

2. 雏形期

1993 年 12 月，为顺应全球建设信息高速公路的趋势，我国正式启动了国民经济信息化的起步工程——“三金工程”，即金桥工程、金关工程和金卡工程。

1996 年 1 月，成立国务院国家信息化工作领导小组，统一领导组织中国信息化建设。

1996 年，金桥网与 internet 正式开通。

1997 年，全国第一个行业门户网站——中国化工信息网正式提供服务。

1998 年 3 月，中国第一笔互联网网上交易成功。

1998 年 10 月，国家经济贸易委员会与信息产业部联合宣布，启动以电子贸易为主要内容的“金贸工程”。它是一项推广网络化应用、开发电子商务在经贸流通领域的大型应用试点工程。

1998 年 12 月，阿里巴巴集团正式在开曼群岛注册成立，1999 年 3 月，其子公司阿里巴巴集团（中国）在杭州创建。

1999 年 3 月，8848 等 B2C 网站正式开通，网上购物进入实际应用阶段。

1999 年 8 月，国内首家 C2C（customer to customer，消费者对消费者电子商务模式）电子商务平台“易趣网”创办。

1999 年 9 月，招商银行率先在国内全面启动“一网通”网上银行服务，建立了由网上企业银行、网上个人银行、网上支付、网上证券及网上商城为核心的网上银行服务体系。

1999 年兴起政府上网、企业上网，电子政务（政府上网工程）、网上纳税、网上教育（湖南大学、浙江大学网上大学）、远程诊断（北京、上海的大医院）等广义电子商务开始启动，电子商务进入实际应用阶段。

3. 调整期

2000 年元旦、春节前后的旺季，中国 B2C 电子商务迎来了第一个节日网购销售高峰。

2000 年 4 月，于 1992 年成立的慧聪国际推出了慧聪商务网，即现在的慧聪网。

2000 年 5 月，卓越网成立，为我国早期的 B2C 网站之一。

2000 年 6 月 21 日，中国电子商务协会正式成立。

2000 年 12 月，阿里巴巴集团在 1999 年 10 月获高盛集团等 500 万美元天使投资的基础上，获日本软银等境外财团联合投资 2500 万美元，由此开始奠定阿里巴巴集团电子商务王国的基础。

2001 年 7 月 9 日，中国人民银行颁布《网上银行业务管理暂行办法》。

2001 年 11 月，中国电子政务应用示范工程通过论证，标志着中国向“电子政府”迈出了重要一步。

2002 年 3 月，全球最大网络交易平台 eBay 以 3000 万美元的价格，购入易趣网 33% 的股份。

2002 年 9 月，王峻涛创办 6688 电子商务网站，二度进军 B2C 网上商城。

4. 复苏期

2003 年 5 月，阿里巴巴集团投资 1 亿元人民币成立淘宝网，进军 C2C。

2003 年 5 月，各 B2B、B2C 电子商务网站会员数量迅速增加，并且部分实现盈利，C2C 也由此酝酿变局。

2003 年 6 月，eBay 以 1.5 亿美元收购易趣剩余 67%股份，国内最大 C2C 企业由此被外资全盘并购。

2003 年 10 月，阿里巴巴集团推出“支付宝”，致力于为网络交易用户提供基于第三方担保的在线支付服务，正式进军电子支付领域。

2003 年 12 月，慧聪网（08292-HK）香港创业板上市，成为国内 B2B 电子商务首家上市公司。

2004年1月，阿里巴巴集团正式提出“网商”概念。同年6月，第一届网商大会在杭州举办。

2004年8月，亚马逊以7500万美元协议收购卓越网，并更名为卓越亚马逊。

2004年8月28日，十届全国人大常委会第十一次会议表决通过了《中华人民共和国电子签名法》，于2005年4月1日起施行。它是中国信息化领域的第一部法律。

2004年年底，由温家宝总理主持的信息化领导小组第四次会议，通过了《国务院办公厅关于加快电子商务发展的若干意见》。

2005年2月，支付宝推出保障用户利益的“全额赔付”制度，开国内电子支付的先河；同年7月推出“你敢用，我敢赔”的支付联盟计划。

2005年4月18日，中国电子商务协会政策法律委员会组织有关企业起草的《网上交易平台服务自律规范》正式对外发布。

2005年8月，阿里巴巴集团并购雅虎中国全部资产，同时得到雅虎10亿美元投资，雅虎则拥有40%股份，由此成为阿里巴巴集团最大的控股股东。

2005年9月12日，腾讯依托QQ逾5.9亿的庞大用户推出“拍拍网”，C2C三足鼎立格局逐渐形成（淘宝网、易趣网、拍拍网）。

5. 快速发展期

2006年，我国的电子商务开始快速发展，电子商务被越来越多的人所认识，电子商务的触角也伸向了生活的方方面面，改变了很多人的购物习惯、生活方式。随着移动终端设备的更新和无线上网技术的发展，移动电子商务也在蓬勃发展，具有广阔的市场前景。

2009年，淘宝商城（天猫）“双十一”活动的全新开启，更是燃起人们网络购物的热情。我国2014年、2015年电子商务交易额增长率分别为57.6%和32.9%。国家统计局数据显示，2016～2020年，全国电子商务交易额从26.10万亿元增长到37.21万亿元，年均增长率为9.3%。

6. 新零售发展时期

新零售（new retailing），即个人、企业以互联网为依托，通过运用大数据、人工智能等先进技术手段，对商品的生产、流通与销售过程进行升级改造，进而重塑业态结构与生态圈，并对线上服务、线下体验及现代物流进行深度融合的零售新模式。2016年11月11日，国务院办公厅印发的《国务院办公厅关于推动实体零售创新转型的意见》中明确了推动我国实体零售创新转型的指导思想和基本原则。2017年，一些电子商务企业家提出“新零售”概念，自此国内电子商务进入新零售时期。

知识扩充1-2

线上，“新零售”生态体系肩负着商家与消费者双方的信息收集、整理、反馈与决策等重要职能，同时也承担了支付、交流等渠道功能，是零售数字化改造的主阵地，扮演着优化交易过程的重要角色。线下，支撑“新零售”生态体系的基础性平台扮演着优化体验过程的重要角色，商家围绕提升消费者购物体验的一系列举措大多将其为依托来推进实施。

实训任务

实训任务一　苏宁易购电子商务发展之路

（一）任务目标

通过对案例的分析，了解由传统商务发展到电子商务的轨迹，以及传统商务进入电子商务领域的优势和劣势。

（二）任务实施

1. 公司简介

苏宁电器于 1990 年创立于江苏南京，是中国 3C（家电、计算机、通信）家电连锁零售企业的领先者，国家商务部重点培育的“全国 15 家大型商业企业集团”之一。经过 30 多年的发展，苏宁电器现已成为中国最大的商业企业集团之一。

苏宁电器以“苏宁易购”为品牌，全面加快虚拟网络的规划与建设。苏宁易购（www.suning.com）是苏宁电器旗下新一代 B2C 网上购物平台。苏宁易购坚持线上线下业务同步发展，不断升级线下各种业态，实现线上线下 O2O（online to online，线上到线下的电子商务模式）融合运营，形成了苏宁智慧零售模式，并逐步将线上线下多渠道、多业态统一为全场景互联网零售“苏宁易购”，现已覆盖传统家电、3C 电器、日用百货等品类。

在互联网零售时代，苏宁持续推进智慧零售、场景互联战略，并通过开放供应云、用户云、物流云、金融云、营销云，实现从线上到线下，从城市到乡镇，从购物中心到社区，为消费者提供 1 小时场景生活圈解决方案，全方位覆盖消费者的生活所需。2019 年，苏宁易购再次位列“财富”全球 500 强，并且在 2019 年“中国 500 最具价值品牌”中，以 2691.98 亿元的品牌价值居零售业第一位。

苏宁易购线下网络覆盖面广，拥有苏宁广场、苏宁易购广场、家乐福社区中心、苏宁百货、苏宁小店、苏宁零售云、苏宁极物、苏宁红孩子、苏宁体育、苏宁影城、苏宁汽车超市等各类创新互联网门店。线上通过自营、开放和跨平台运营，苏宁易购跻身中国 B2C 行业前列。

2. 业务模式

销售模式：除同城销售外，可实现异地购物、异地配送，并且当购买的商品出库城市和收货城市一致，并都在主城区时，苏宁易购将免费配送。

支付方式：苏宁易购支持网银支付、苏宁易付宝支付、电话支付和货到付款。

提货方式：部分商品除配送外，还支持顾客到苏宁任意门店就近提货。

配送方式：大小件商品在全国范围内均可进行配送，从苏宁在全国现有的 CDC（central distribution center，中央配送中心）和 RDC（regional distribution center，区域配送中心）将商品直接配送到顾客指定的地址。

售后服务：所有在苏宁易购购买的商品都实现了售后服务本地化，即可以在当地苏宁售后服务网点进行鉴定、维修和退货，售后网点支持全国的售后服务。

3. 发展电子商务的优劣势

以传统零售巨头身份进入 B2C 市场的苏宁易购，在电子商务的道路上可谓走得一路顺畅，但从线下走到线上，苏宁易购陆续克服商城建设、吸引用户、人才短缺等阻碍因素。电子商务的核心是商务，长期的线下经营经验使苏宁易购具备巨大的商务优势。因此，未来中国的 B2C 格局中，传统企业也必定会占据一席之地。此外，有着优秀零售经验的苏宁易购进入电子商务行业，也有助于推动 B2C 行业实现从投资性驱动向经营性驱动转型。

（三）任务讨论

1）分析电子商务与传统商务的区别。

2）传统商务进入电子商务领域会遇到哪些困难？

3）苏宁易购的开设是否会冲击苏宁电器实体店经营？苏宁电器该如何定位其网上商城？

实训任务二 域名选取与注册

（一）任务目标

电子商务网店区别于传统店铺，需要有域名关联店铺。通过本次实训，熟悉域名选取的基本操作流程。

（二）任务实施

1）打开提供域名注册服务的网站，如万网（阿里云旗下品牌，wanwang.aliyun.com/domain）、新网（www.xinnet.com/domain/domain.html）等网站。

2）常见域名类型及其含义如表 1.4 所示。

表 1.4 常见域名类型及其含义

常用后缀名	含义
.com	commercial organizations，商业组织、公司
.net	network operations and service centers，网络服务商
.edu	educational institutions，教研机构
.org	other organizations，非营利组织
.gov	governmental entities，政府部门
.cc	corporation、company，简短的国际顶级域名
.tv	电视台或频道
.cn	中国国家顶级域名
.us	美国
.de	德国
.uk	英国

3）选取合适的域名，搜索查询是否可以注册。一个好的域名应该简短、容易记、拼写方便，符合用户输入习惯。以下域名选取经验可供参考。

① 用企业名称的汉语拼音作为域名。

② 用企业名称相应的英文名作为域名。

③ 用企业名称的缩写作为域名。

④ 用汉语拼音的谐音形式给企业注册域名。

⑤ 以中英文结合的形式给企业注册域名。

⑥ 在企业名称前后加上与网络相关的前缀和后缀。常用的前缀有 e、i 等；后缀有 net、web、line 等。

⑦ 不要注册其他公司拥有的独特商标名和国际知名企业的商标名。

（三）完成实训记录表

完成域名注册或者将可以注册的域名截图记录在实训记录表（表 1.5）中。

表 1.5　实训记录表

<table>
<tr><td>班级</td><td></td><td>学号</td><td></td><td>姓名</td><td></td></tr>
<tr><td>上课时间</td><td></td><td>实训任务名称</td><td colspan="3"></td></tr>
<tr><td>实训记录</td><td colspan="5"></td></tr>
<tr><td>实训反思</td><td colspan="5"></td></tr>
</table>

项目二
电子商务模式

学习目标

知识目标

- 掌握B2C、C2C、B2B、C2B、O2O电子商务模式的概念与形式。
- 了解国内外各类电子商务模式的典型企业。

能力目标

- 掌握B2C、C2C、B2B、C2B、O2O电子商务模式的业务流程。
- 学会在B2C电子商务网站上购物。
- 学会区分各类电子商务网站类型。

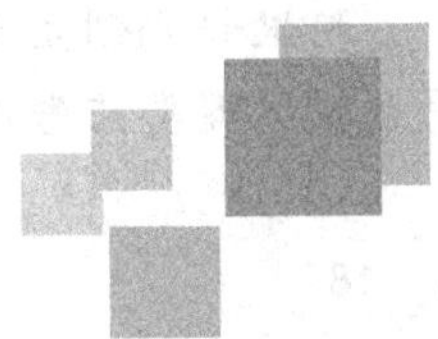

引导案例

案例一　阿里巴巴——全球领先的B2B电子商务网上贸易平台

阿里巴巴集团是以曾担任英语教师的马云为首的18人于1999年在浙江省杭州市创立的公司，是中国最大的电子商务公司，也是全球著名的B2B电子商务服务公司。它专注于为全世界的中小企业买家和卖家提供可信赖的贸易平台，主要针对全球进出口贸易以及国内贸易买家和卖家。

2014年9月19日，阿里巴巴集团在纽约证券交易所正式挂牌上市，创造了史上最大IPO（initial public offerings，首次公开募股）记录，股票代码为BABA。2019年11月26日，阿里巴巴集团港股上市，总市值超4万亿元，成为港股“新股王”。阿里巴巴集团经营多项业务，也从关联公司的业务和服务中取得经营商业生态系统上的支援。阿里巴巴关联公司的业务包括淘宝网、天猫、聚划算、全球速卖通、阿里巴巴国际交易市场、1688、阿里妈妈、阿里云、菜鸟网络、蚂蚁金服等。

淘宝网创立于2003年，是以商务为导向的社交平台，通过大数据分析为消费者提供既有参与感又具个性化的购物体验。在淘宝网上，消费者能够从商家处获取高度相关、具有吸引力、可实时更新的内容，从而掌握产品与潮流资讯并与其他消费者或喜爱的商家和品牌互动。平台上的商家主要是个体户和小企业。

天猫创立于2008年，致力于为消费者提供选购品牌产品的优质购物体验。多个国际和中国本地品牌及零售商已在天猫上开设店铺。

聚划算是阿里巴巴集团旗下的团购网站，是淘宝网的二级域名，该二级域名正式启用时间是2010年9月。2011年，聚划算启用聚划算顶级域名，成为淘宝卖家服务买家、互联网消费者喜爱的团购平台。

全球速卖通创立于2010年，是为全球消费者而设的零售平台，其主要买家市场包括俄罗斯、美国、巴西、西班牙、法国和英国。世界各地的消费者都可以通过全球速卖通直接从中国制造商和分销商处购买产品。

阿里巴巴国际交易市场是阿里巴巴集团最先创立的业务，是领先的全球批发贸易平台。阿里巴巴国际交易市场上的买家来自全球200多个国家和地区，一般是从事进出口业务的贸易代理商、批发商、零售商、制造商及中小企业。阿里巴巴国际交易市场同时向其会员及其他中小企业提供通关、退税、贸易融资和物流等进出口供应链服务。

1688（前称“阿里巴巴中国交易市场”）创立于1999年，是中国领先的网上批发平台，覆盖普通商品、服装、电子产品、原材料、工业部件、农产品和化工产品等多个行业的买家和卖家。1688为在阿里巴巴集团旗下零售平台经营业务的商家提供了从本地批发商采购产品的渠道。

阿里妈妈创立于2007年，是让商家和品牌在阿里巴巴集团旗下电商平台及第三方平台投放各类广告信息的网上营销技术平台。阿里妈妈通过其联盟营销计划，让商家在第三方网站和手机客户端投放广告，从而令营销和推广效果触达阿里巴巴集团电商平台以外的平台和用户。

阿里云创立于2009年，为阿里巴巴集团旗下的云计算及人工智能科技公司。Gartner及IDC的资料分别显示，阿里云是全球三大基础设施即服务（IaaS）供应商之一及中国最大的公共云服务供应商。阿里云向阿里巴巴集团电商平台上的商家及初创公司、企业与政府机构等全球用户提供一整套云计算服务。

菜鸟网络是阿里巴巴集团旗下业务，致力于满足现在及未来中国网上和移动商务业在物流方面的需求。菜鸟网络经营的物流数据平台运用物流合作伙伴的产能和能力，大规模实现商家和消费者之间的交易。此外，菜鸟网络使用数据洞察和科技来提高整个物流价值链的效率。

蚂蚁金服专注于服务小微企业与普通消费者。蚂蚁金服正打造一个开放的生态系统，与金融机构一起，共同为未来社会的金融提供支撑。蚂蚁金服旗下业务包括支付宝、蚂蚁聚宝、芝麻信用和网商银行等。

案例二　亚马逊——B2C电子商务鼻祖

亚马逊公司（Amazon，简称“亚马逊”）是美国最大的一家网络电子商务公司，位于华盛顿州的西雅图。亚马逊是网络上最早开始经营电子商务的公司之一，成立于1995年，是全球电子商务的代表，也是全球商品品种最多的网上零售商。公司成立之初只经营网络书籍销售业务，现在则销售范围相当广的其他产品，已成为全球商品品种最多的网上零售商和全球第二大互联网企业。在亚马逊名下，还有Alexa Internet、a9、lab126和互联网电影数据库（Internet Movie Database，IMDB）等子公司。

亚马逊及其他销售商为客户提供数百万种独特的全新、翻新及二手商品，如图书、影视、音乐和游戏、数码下载、电子和计算机、家居园艺用品、玩具、婴幼儿用品、食品、服饰、鞋类和珠宝、健康和个人护理用品、体育及户外用品、玩具、汽车及工业产品等。

1994年，Web网页吸引了全球网虫的目光。时任Banker Trust公司最年轻的副总裁杰夫·贝索斯（Jeffrey Bezos）发现网络使用人数每月以2300%的速度在增长，认为在线商场发展前景广阔。于是，他用两个月的时间研究了网络销售业的潜力与远景之后，决定创立网络零售业。通过对图书、音乐制品、杂志、PC（personal computer，个人计算机）和软件等20种适合虚拟商场销售的商品的分析，他选择了在网上销售图书——网上书店（Cadabra.com）。选择图书的原因有三个：一是因为美国每年出版的图书将近130万种；二是美国图书市场还没有形成垄断，即使是老牌连锁店Barnes & Noble，其市场占有率也只有12%，而且每年图书行业的营业额能够达到250亿美元，全球的书籍更是多达300多万种，图书零售有820亿美元的市场，三是读书是很多人的爱好，在国外，有80%的人认为读书是他们的业余爱好之一。2004年8月19日20点40分，亚马逊以7500万美元收购了中国著名的B2C公司——卓越网站（www.joyo.com和www.joyo.com.cn）。

2007 年，亚马逊推出了电子无线阅读器 Kindle，支持即时无线下载，并同四大唱片公司联手推出了音乐下载业务。同时，亚马逊还为第三方中小企业推出了“Fulfillment by Amazon（亚马逊的履行）”服务，帮助中小企业安排库存和送货。

案例三　eBay——C2C 电子商务先驱

eBay（EBAY，中文电子湾、亿贝、易贝）是一个管理可让全球民众上网买卖物品的线上拍卖及购物网站。1995 年 9 月，皮埃尔·奥米迪亚（Pierre Omidyar）创建的 eBay（www.ebay.com）是贸易社区的先驱、网上交易平台和拍卖网站，为充满热情的个人和公司提供了一个强大的商品和服务交易平台，人们可以通过平台出售商品和参加拍卖。eBay 每天将上亿数量的买家和卖家聚集在一起，涉及几千个分类、几亿件的商品，使同城、国内、国际的电子商务成为可能。

eBay 从以下项目获利：向每笔拍卖收取刊登费（费用为 0.25～800 美元）；向每笔已成交的拍卖再收取一笔成交费（成交价的 7%～13%）。

eBay 的经营策略在于增加使用 eBay 系统的跨国交易。不过，eBay 的扩张也有失败的时候。eBay 扩张失败的国家包括中国和日本。雅虎在日本经营的拍卖业务在日本国内已占据领导地位，迫使 eBay 铩羽而归。我国台湾的 eBay 亦敌不过雅虎奇摩拍卖网站的市场占有率，也以与 PChome 联名的名义间接退出台湾市场。eBay 最初通过收购易趣的方式进入中国大陆市场，但之后在与淘宝的竞争中落败，最终以与 TOM 合资成立“新易趣”的方式退出中国大陆市场。

（资料来源：宋沛军，范军环，2009．电子商务基础与应用[M]．北京：人民邮电大学出版社．）

思考：

1）B2B、C2C 和 B2C 等常用的几种电子商务模式的主要区别有哪些？

2）企业如何规划和选择其电子商务框架体系、电子商务流程及商业模式？

理论知识

电子商务模式就是指在网络环境和大数据环境中基于一定技术基础的商务运作方式和盈利模式。电子商务模式可以从多个角度建立不同的分类框架具体如下。

一、按交易主体划分

在电子商务模式中，企业界一致认同的是把企业和消费者作为划分标准，分别划分出企业对企业（B2B）、企业对消费者（B2C）、消费者对消费者（C2C）、政府对企业（government to business，G2B/B2G）和政府对公众（government to citizen，C2G/G2C）等电子商务模式，如图 2.1 所示。

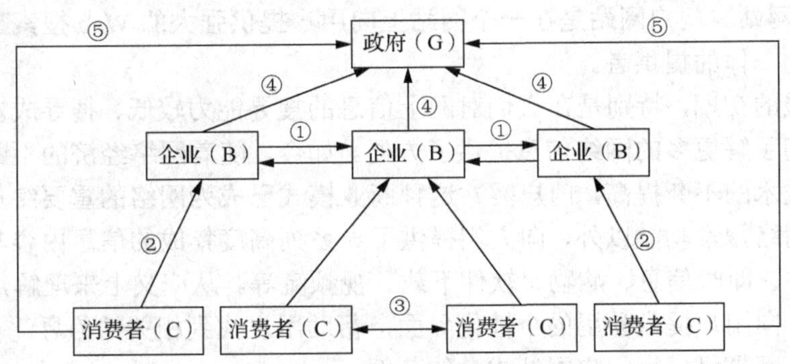

图 2.1 电子商务的应用模式

在图 2.1 中，途径①表示 B2B 电子商务模式，指企业与企业之间通过 internet 或 intranet 而建立的业务关系。传统经济中的原材料采购、商品销售等都可通过电子商务环境下的 B2B 模式完成。途径②表示 B2C 电子商务模式，通常是消费者与企业之间的交易。目前这种模式多应用于网上产品销售、网上商店，如亚马逊。途径③表示 C2C 电子商务模式，即消费者与消费者的交易，俗称“网上拍卖”。这种模式下交易双方的消费者要依托一个独立网站（第三方网站，如淘宝、eBay）建立他们的交易关系。途径④表示 G2B/B2G 电子商务模式，通常是企业通过政府网站缴纳税金、查询政策等。途径⑤表示 C2G/G2C 电子商务模式，是消费者在政府网站的行为。G2B 和 G2C 是电子政务中的一部分。

1. B2C 电子商务

（1）B2C 电子商务的概念

B2C 是企业与消费者之间的电子商务，它主要是以 internet 为服务手段，实现公众消费和提供服务的一种模式。人们足不出户，通过 internet 就可以购买商品或享受咨询服务，也就是人们熟悉的网上购物。

B2C 中的 B 是 business，即商业供应方（泛指企业）；2 则是 to 的谐音；C 是 consumer，即消费者。B2C 电子商务是按电子商务交易主体划分的一种电子商务模式，即表示企业对消费者的电子商务，具体是指通过信息网络及电子数据信息的方式实现企业或商家机构与消费者之间的各种商务活动、交易活动、金融活动和综合服务活动，是消费者利用 internet 直接参与经济活动的形式。

B2C 电子商务商城里用户交易活跃，目前 B2C 商城平台众多，国内涌现出天猫商城、京东商城和苏宁易购等一批商城平台。

（2）B2C 电子商务的模式

B2C 电子商务模式是企业通过网络针对个体消费者，实现价值创造的商业模式，是目前电子商务发展最为成熟的商业模式之一，主要有门户网站、电子零售商、内容提供商、交易经纪人及社区服务商。

1）门户网站。门户网站是在一个网站上向用户提供强大的 Web 搜索工具，以及集内容与服务为一体的提供者。

网络发展的初期，特别是在人们对网上信息的搜寻能力较低、搜寻成本较高时，门户网站为人们了解更多的网络信息提供了方便。如今，随着网络经济的不断发展，尤其是信息搜索技术的不断提高，门户网站这种商业模式已成为网络的重要终点网站，在保持了强大的网络搜索功能以外，向人们提供了一系列高度集成的信息内容与服务，如新闻、电子邮件、即时信息、购物、软件下载、视频流等。从广义上来理解，门户网站是搜索的起点，向用户提供易用的个性化界面，帮助用户找到相关的信息。目前在我国，新浪、搜狐、网易已成为门户网站成功的范例。

在门户网站的发展中，逐步形成了水平型门户网站和垂直型门户网站两种类型。水平型门户网站将市场空间定位于互联网上的所有用户，如新浪、搜狐、网易均称为水平型门户网站。垂直型门户网站的市场空间定位为某个特定的主题和特定的细分市场，如 iBoats.com 为美国划船消费市场的门户网站，该市场吸引了包括想租船或者自己拥有船的约 1600 万美国用户。中国也有很多专业的垂直型门户网站，如雅昌艺术网（artron.net），它将市场定位为大型艺术品，通过资讯、交流、交易等各方面功能的整合，将艺术机构的传统形象及服务带入互联网，建立多赢的商业模式，现在已成为一家具有领导地位的艺术品市场增值资讯服务供应商，并优先服务于中国及全球华人社群。

门户网站的赢利模式主要依靠广告费、订阅费及交易费等，网络中有大量的门户网站，但并非每个门户网站都有很好的收益。事实上，排名前 10 位的网站约占整个门户网站搜索引擎流量的 90%。究其原因，很多排名靠前的门户网站是最早开展网上业务的，因而具有先行者的优势，从而不断积累起非常好的品牌知名度。如果要消费者信任的网络服务提供商转移到其他网络服务商的网站，他们会承担更大的转移成本，因此，消费者更为偏好品牌门户网站。

2）电子零售商。电子零售商是在线的零售商店，其规模各异，内容相当丰富，既有像当当网一样大型的网上购物商店，也有一些只有一个 Web 界面的本地小商店。

由于电子零售具有为消费者节省时间、为消费者提供方便、引导消费者省钱、向消费者发送信息等优点，因此，对于这种零售形式的诞生，无论国内还是国外，消费者都表现出了相当的热情。

目前的电子零售商主要有两大类：一类是将传统实体商店与网络商店相结合形成的网络销售商店，人们通常称之为“鼠标加水泥”型；另一类是纯粹由网络公司经营的网络销售商店，没有离线的实体销售商店的支撑与配合。

3）内容提供商。内容提供商是通过信息中介商向最终消费者提供信息、数字产品、服务等内容的信息生产商，或直接为专门信息需求者提供定制信息的信息生产商，它通过网络发布信息内容，如数字化新闻、音乐、流媒体等。内容提供商将市场定位在信息内容的服务上，因此，成功的信息内容是内容提供商模式的关键因素。信息内容的定义很广泛，包含知识产权的各种形式，即所有以有形媒体（如书本、光盘或者网页等）为载体的各种形式的人类表达。

内容提供商处理大量的信息，包括图像、图形、声音、文本等。由于信息安全性是第一要务，因此，信息内容提供商在存储介质和网络设施上投资较大；也因为内容提供商一般通过信息中介商让消费者享用信息内容，所以他们较少关注与消费者的关系和消费者数据。

内容提供商的赢利模式主要有内容订阅费、会员推荐费及广告费用等。由于内容服务的竞争日趋激烈，一些内容服务商的网络内容并不收费，如一些报纸和杂志的在线版纷纷推出了免费的举措，他们主要通过网络广告或者借助网络为平台进行企业合作促销、产品销售链接及网友自助活动等获得收入。

4）交易经纪人。交易经纪人是指通过电话或者电子邮件为消费者处理个人交易的网站，采用这种模式最多的是金融服务、旅游服务及职业介绍服务等。在我国金融服务方面，招商银行、中国工商银行等推出的网上银行服务成为金融个人服务的新亮点；在旅游服务方面，以携程网、春秋旅行网等为代表的旅游电子商务也纷纷通过电话或者邮件形式为旅游者提供便利；在职业介绍服务方面，中华英才网、前程无忧等是网上职业经纪人的代表。

交易经纪人主要通过从每次交易中收取佣金获得收入。例如，在网上股票交易中，无论是按单一费率还是按与交易规模相关的浮动费率，每进行一次股票交易，交易经纪人就获得一次收入；在旅游电子商务中，针对在线成交机票、景点门票及酒店客房的预订，旅游电子商务企业按一定比例获得提成；职业介绍网站一般是预先向招聘企业收取招聘职位排名的服务费，然后向求职者收取会员注册费用等，再对招聘企业和求职者进行撮合、配对等服务。

5）社区服务商。社区服务商是指那些创建数字化在线环境的网站，有相似兴趣、经历及需求的人们可以在社区中交易、交流及共享信息。

网络社区服务商的构想来源于现实的社区服务，但现实的社区服务通常受到地域限制，并不能够很好地整合需求，从而无法实现个性化的服务。网络社区服务商通过构建数字化的在线环境，将有相似需求的人联系在一起，甚至利用在线身份扮演一些虚幻的角色。社区服务商的关键价值在于建立一个快速、方便、一站式的网站，使用户可以在社区里关注他们最感兴趣、最关心的事情。

社区服务商的赢利模式较为多样化，包括收取信息订阅费、获得销售收入、收取交易费用、会员推荐费用及广告费用等。从目前网络的发展来看，消费者对网络社区的兴趣不断提高，网络社区的市场机会相应增加，同时网络社区也不断增多，但面对同一个或者相似市场的社区，重复现象较为严重，网络社区的市场细分没有得以深入应用。目前，网络社区最大的挑战是如何在高质量信息内容的成本和通过各种方式获得的收入之间寻求平衡，以求得赢利空间。网络社区服务商的发展正处于探索阶段，许多网络社区面临如何稳定赢利的问题。目前大型网络社区整合小型网络社区的现象时有发生。

B2C 电子商务模式的特点如表 2.1 所示。

表 2.1　B2C 电子商务模式的特点

模式类型	特点	举例	盈利模式
门户网站	提供集成的综合性服务与内容，如搜索、新闻、购物、娱乐等	www.163.com www.sina.com.cn www.sohu.com	广告费、订阅费、交易费等
电子零售商	在线的零售商店，提供在线的零售服务	www.dangdang.com	广告费、订阅费、交易费、产品销售等
内容提供商	以提供信息和娱乐服务为主，是网络中的传媒资讯提供商	www.cctv.com www.xinhuanet.com	广告费、订阅费、会员推荐费等
交易经纪人	在线的交易处理人，帮助客户完成在线交易	www.51job.com www.ctrip.com	交易费等
社区服务商	建立网上平台，集中有特定兴趣、爱好、需求的人交流、交易	tiexue.net	广告费、订阅费、会员推荐费等

（3）B2C 电子商务的业务流程

B2C 电子商务交易的一般过程如下：注册、登录→查找商品→放入购物车→填写收货信息→选择配送方式→提交订单→支付货款→组织发货→确认收货与评价。详细流程在项目一中已做介绍。

在 B2C 电子商务模式中，商家首先在网站上开设网上商店，公布商品的品种、规格、价格、性能等，或者提供服务种类、价格和方式，由消费者个人选购，下订单，在线或离线付款，商家负责送货上门。这种电子商务模式中所涉及的网上商店与传统商店相比有很大的不同。网上商店不需要昂贵的店面，不需要雇用太多人员，不必有很多库存。而且当网上商品日益丰富和上网购物的人数增多以后，消费者通过网上购物可以获得更多的商业信息，买到价格较低的商品，节省购物的时间，足不出户就可以通过“货比三家”来购买商品。

2. C2C 电子商务

（1）C2C 电子商务的概念

C2C 即消费者与消费者之间的电子商务，俗称“网上跳蚤市场”。它是一个消费者之间交易的平台，消费者可以在完全自愿的基础上转让商品，并进行价格协商。

（2）C2C 电子商务的形式

C2C 电子商务的主要形式有一口价和网络拍卖（auction online）两种。其中，网络拍卖是以竞价、议价方式为主的在线交易模式，如 eBay、淘宝、闲鱼、转转等网站或移动端应用 App。

（3）C2C 电子商务的业务流程

目前，淘宝网、拍拍网等的 C2C 交易平台上的商品数以百万计，加之 internet 方便、快捷的特点，C2C 交易平台已经为数以亿计的中国网民提供了新鲜、时尚、有趣、个性化的网络购物体验。下面以淘宝网为例介绍 C2C 交易中的购物流程。

1）注册并登录自己的账号。

2）搜索所要购买的商品。如果希望与商家联系、商谈，可以通过四种方式与卖家联系：淘宝旺旺、站内信、商品留言、店铺留言。

3）出价。针对搜索到的商品出价。出价方式有两种：拍卖商品出价、一口价商品出价。

4）付款。最好只购买使用支付宝付款的商品，这样可以保证交易安全。

5）收货。完成上述步骤后就基本完成了网上购物过程，接下来就等待收货。收到货物后，在网上完成确认收货并向卖家付款，这时支付宝账户中的钱才会汇至卖家账户上。

6）买卖双方互评。评价等级分为好评、中评和差评三种。

C2C 电子商务模式交易流程如图 2.2 所示。

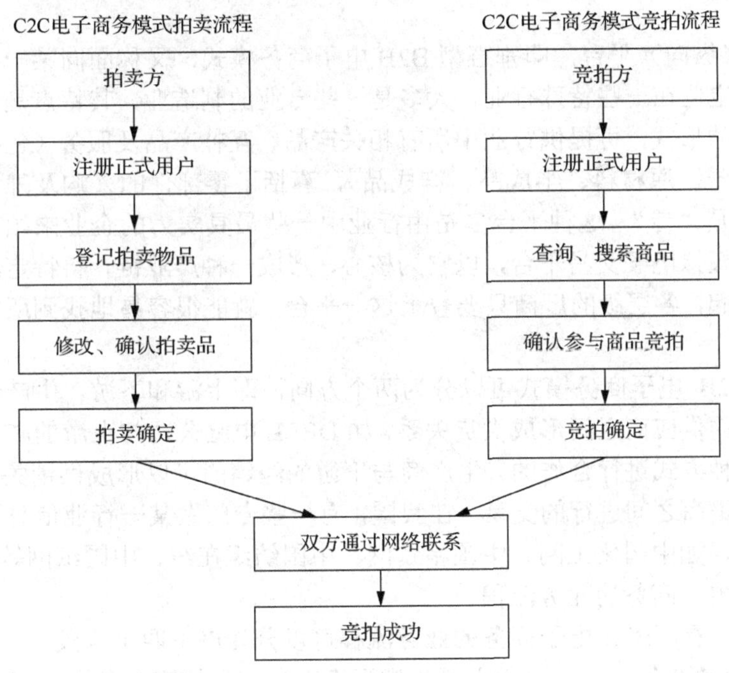

图 2.2 C2C 电子商务模式交易流程

3. B2B 电子商务

（1）B2B 电子商务的概念

B2B 即企业与企业之间的电子商务，是指企业之间利用 internet 进行产品、服务及信息的交换，在网上形成的虚拟企业圈。

B2B 业务主要集中在采购、分销、服务等方面。在 B2B 电子商务模式交易中，企业可以将 intranet 有限度地对合作伙伴开放，即允许合作伙伴有条件地通过 internet 将订货信息直接发送到自己的企业内部网，进而自动将订单分解到生产车间，从而最大限度地实现商业信息传输和信息处理的自动化。一些专门的 B2B 网站，如阿里巴巴、慧聪网等，一般以信息发布与整合为主，是商家之间的信息桥梁。B2B 使企业之间可以通过 internet 在市场、产品或经营等方面建立互补互惠的合作关系，形成水平或垂直形式的业务整合，以更大的规模、更强的实力、更经济的运作真正达到全球运筹管理的模式。

（2）B2B 电子商务的模式

1）水平（横向）平台，即综合型 B2B 电子商务模式，又称面向所有行业的 B2B 模式，它将各行业中相近的交易过程集中到一个场所，为企业的采购方和供应方提供交易的机会，为买卖双方创建一个信息和交易的平台，买方和卖方可以在此分享信息、发布广告、竞拍投标、进行交易，主要网站有阿里巴巴、中国商品交易中心、全球制造网、慧聪网等，其特点是涵盖了不同的行业和领域，服务于不同行业的从业者，追求的是“全”。

2）垂直（纵向）平台，即垂直型 B2B 电子商务模式，又称面向某一行业的电子商务模式，主要定位在一些特殊行业，大多是一些专业的制造业，其特点是所交易的物品是一种产品链的形式，可提供行业中所有相关产品、互补产品及服务（包括网上信息发布、交流、广告、原材料、半成品、产成品），囊括了零部件的采购及外协件的加工和定制，追求的是“专”。这种平台多是由行业中一些最具实力的企业来领军，构建一个覆盖该领域的虚拟电子交易平台，以它为核心，形成一种产业链，将特定产业的上下游厂商聚集到一起，各层级的厂商只要登上这一平台，就能很容易地找到所需要的信息或合作伙伴。

垂直型 B2B 电子商务模式可以分为两个方向，即上游和下游。生产商或商业零售商可以与上游的供应商之间形成供货关系，如 DELL 电脑公司与上游的芯片和主板制造商就是通过这种方式进行合作的。生产商与下游的经销商可以形成供销关系，如思科系统公司与其分销商之间进行的交易。在我国，有一些专门做某一行业信息服务的第三方 B2B 交易平台，如中国化工网、中国粮食网、中国纺织在线、中国纸网等。

（3）B2B 电子商务的业务流程

从交易过程看，B2B 电子商务的业务流程可以分为以下四个阶段。

1）交易前的准备。这一阶段主要是指买卖双方和参加交易各方在签约前的准备活动。买方根据自己要买的商品，准备购货款，制订购货计划，进行货源市场调查和市场分析，了解各个卖方国家的贸易政策，反复修改购货计划，确定和审批购货计划。在按计划确定购买商品的种类、数量、规格、价格、购货地点和交易方式等内容时，尤其要利用 internet 和各种电子商务网络寻找令自己满意的商品和商家。卖方根据自己所销售的商品，召开商品新闻发布会，制作广告进行宣传，全面进行市场调查和市场分析，制定销售策略和销售方式，了解各个买方国家的贸易政策，利用 internet 和各种电子商务网络发布商品广告，寻找贸易合作伙伴和交易机会，以扩大贸易范围和商品所占市场的份额。同时，其他参加交易各方，如中介方、银行金融机构、信用卡公司、海关系统、商检系统、保险公司、税务系统、运输公司等，也要为电子商务交易做准备。

2）交易谈判和签订合同。这一阶段主要是指买卖双方对所有交易细节进行谈判，将双方磋商的结果以文件的形式确定下来，即以书面文件形式或电子文件形式签订贸易合同。电子商务的特点是可以签订电子商务贸易合同，交易双方可以利用现代电子通信设备和通信方法，经过谈判和磋商后，将双方在交易中的权利、所承担的义务，以及对所购买商品的种类、数量、价格、交货地点、交货期、交易方式和运输方式、违约和索赔等条件，全部以电子交易合同形式做出全面详细的规定。合同双方可以利用电子数据交换（electronic data interchange，EDI）进行签约，也可以通过数字签名等方式签约。

3）办理交易前的手续。这一阶段主要是指买卖双方签订合同后到合同开始履行之前办理各种手续的过程，也是双方的交易准备过程。交易中可能涉及中介方、银行金融机构、信用卡公司、海关系统、商检系统、保险公司、税务系统、运输公司等有关部门，买卖双方要利用 EDI 与有关各方进行各种电子票据和电子单证的交换，直到所购商品从卖方开始向买方发货为止。

4）交易合同的履行和索赔。这一阶段是从买卖双方办理完所有手续之后开始，卖方要备货、组货，同时办理报关、保险、取证、信用等手续，然后将商品交付给运输公司包装、起运、发货。买卖双方可以通过电子商务系统跟踪发出的货物，银行和金融机构也可以按照合同处理双方收付款，进行结算，出具相应的银行单据等，直到买方收到自己所购商品，就完成了整个交易过程。在买卖双方交易过程中出现违约时，需要进行违约处理工作，受损方可向违约方提出索赔。

B2B 交易过程可以分为以下几个步骤，如图 2.3 所示。

1）买方（客户方）向卖方（供货方）提出商品报价请示，即发出购买的商品信息。

2）卖方向买方提供商品的报价，即发出该商品的报价信息。

3）买方向卖方提供商品订购单，说明初步确定购买的商品信息。

4）卖方对买方提供的商品订购单进行应答，说明商品的有无及规格型号、品种、质量等信息。

5）买方根据卖方的应答判断是否对订购单进行变更，最后确定购买的商品信息。

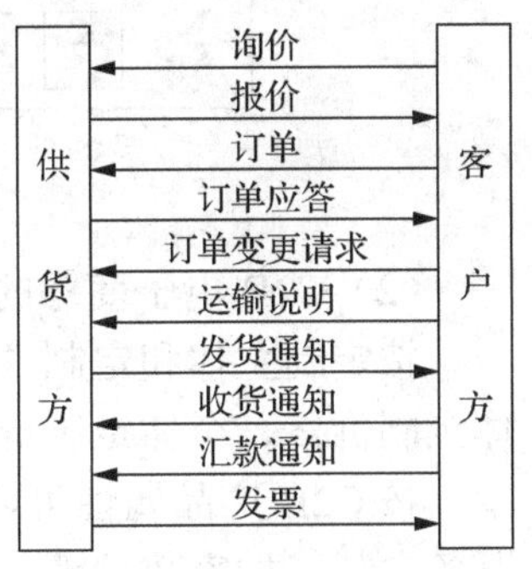

图 2.3 B2B 交易过程

6）买方向卖方提出商品运输说明，发出运输工具、交货地点等信息。

7）卖方向买方发出通知，约定运输方式、交货地点、运输设备、包装等信息。

8）买方向卖方发出收货通知，报告收货信息。

9）买卖双方收发汇款通知，买方发出汇款通知，卖方报告收款信息。

10）卖方收到货款向买方出具电子发票，买方收到商品，完成全部交易。

4. C2B 电子商务

（1）C2B 电子商务的概念

C2B（consumer to business，消费者对企业的电子商务模式），即消费者向企业预定或定制模式。消费者根据自身需求定制产品和价格，或主动参与产品设计、生产和定价，产品、价格等彰显消费者的个性化需求，生产企业进行定制化生产。

C2B 电子商务模式在近年天猫“双十一”活动中得到较大应用。2020 年，天猫商城在 10 月 20 日开启预售活动，消费者可以在活动期间支付产品定金，11 月 11 日当天支付尾款，“尾款人”也因此被《青年文摘》评选为“2020 十大网络热词”。预售产品通常在产品详情页或标题中标注或显示，如图 2.4 所示。

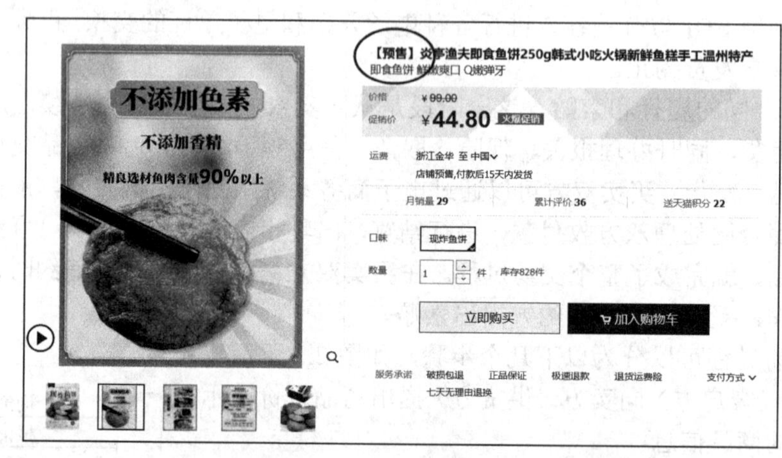

图 2.4 某商家“预售”产品页面截图

（2）C2B 电子商务的形式

按定制主体和定制内容两个维度可以将 C2B 电子商务的形式分为五类，分别是群体定制价格、个体定制价格、群体定制产品、个体定制产品和混合型。

按 C2B 产品属性可以将 C2B 电子商务的形式分为实物定制（如服装、鞋、家具等）、服务定制（如家政护理、旅游、婚庆等）和技术定制（如 3D 打印、医疗等）。

杨梅鲜果的 C2B 电子商务案例

小王是某杨梅生产企业的负责人，杨梅种植面积大，预计当年杨梅大丰收。但是杨梅鲜果不易储存，通常当天采摘当天销售，而且杨梅鲜果整体销售时间短，通常只有大约半个月，为此小王积极寻找出路。在一次培训中，小王接触了 C2B 电子商务模式，他认为拥抱互联网、实施“互联网+杨梅”可能是一次质的变化。于是，小王当年 4 月在某电商平台上实施 C2B 电子商务模式，开展杨梅鲜果的预售。为了促进销售，小王对预定客户实施优惠活动，杨梅成熟后客户支付尾款，杨梅成熟时按照客户下单顺序采摘和发货。

实施 C2B 电子商务模式后，小王延长了杨梅鲜果的销售时间，拓展了销售范围，吸引了全国各地消费者前来预定订单化的采摘和配送，更好地解决了杨梅鲜果不易储存的缺陷。当年杨梅产品销售后，小王还对客户信息进行登记和管理，做好客户关系维护和管理，以便以后为客户提供更好的服务和产品。

（3）C2B 电子商务的业务流程

C2B 电子商务的业务流程如下：商家发布预售商品并设置定金→消费者提出定制需求，并支付定金→等待商家生产、备货→商家生产、备货完成，消费者支付尾款→商家组织发货→客户确认收货与评价→商家做好售后服务。

C2B 电子商务模式中的 B（business）既可以是生产厂商，也可以是交易活动的中间商。当企业是生产厂商时，通常还表述为 C2M 电子商务模式。C2M（consumer-to-manufacturer，消费者直连制造）是一种新型的工业互联网电子商务的商业模式，又被称为“短路经济”，是指现代制造业中由用户驱动生产的反向生产模式，用户直连制造即消费者直达工厂，强调的是制造业与消费者的衔接。

5. B2G 电子商务

B2G 电子商务即企业与政府之间通过网络进行的商业模式，包括政府通过网上服务为企业创造良好的电子商务环境和政府网上采购。

二、O2O 电子商务

（1）O2O 电子商务的概念

O2O 电子商务模式不是按照交易对象划分的模式，而是指将线下的商务机会与互联网结合，让互联网成为线下交易的平台。O2O 模式较多地应用于餐饮业、服务业和旅游业。

（2）O2O 电子商务的业务流程

与传统的消费者在商家直接消费的模式不同，在 O2O 平台商业模式中，整个消费过程由线上和线下两部分构成。线上平台为消费者提供消费指南、优惠信息、便利服务（预订、在线支付、地图等）和分享平台，而线下商户专注于提供服务。O2O 电子商务的业务流程如下。

1）引流。线上平台作为线下消费决策的入口，能够汇聚大量有消费需求的消费者，或者引发消费者的线下消费需求。常见的 O2O 平台引流入口包括消费点评类网站（如大众点评）、电子地图（如百度地图、高德地图）、社交类网站或应用（如微信、人人网）。

2）转化。线上平台向消费者提供商铺的详细信息、优惠（如团购、优惠券）、便利服务，方便消费者搜索、对比商户，并最终帮助消费者选择线下商户、完成消费决策。

3）消费。消费者利用线上获得的信息到线下商户接受服务、完成消费。

4）反馈。消费者将自己的消费体验反馈到线上平台，有助于其他消费者做出消费决策。线上平台通过梳理和分析消费者的反馈，形成更加完整的本地商户信息库，可以吸引更多的消费者使用在线平台。

5）存留。线上平台为消费者和本地商户建立沟通渠道，可以帮助本地商户维护消费者关系，使消费者重复消费，成为商户的回头客。

三、按交易对象划分

网络交易的对象主要可分为实体商品和虚拟商品两大类，实体商品涉及物流配送环节，而虚拟商品可通过网络直接传输。按照交易对象可以将电子商务模式分为直接电子商务模式和间接电子商务模式两大类。

1）直接电子商务模式，所交易的对象为虚拟商品，在整个交易活动过程中，不涉及物流配送环节，所有交易过程都可以在网上完成，如手机在线充值、虚拟点数卡交易等。

2）间接电子商务模式，所交易的对象为实体商品，需要物流配送作为传输载体，如鞋子、汽车等产品在购买后无法通过网络传输，必须依靠传统物流行业辅助完成。

四、按电子商务活动展开所利用的网络类型划分

根据电子商务活动展开所利用的网络类型，可以将电子商务模式分为EDI电子商务模式、intranet电子商务模式、internet电子商务模式等。

1）EDI 电子商务模式。根据国际标准化组织的定义，EDI 是一种电子传输方法，利用这种方法，首先将商业或行政事务处理中的报文数据按照一个公认的标准，形成结构化的事务处理的报文数据格式，进而将这些结构化的报文数据经由网络，从一台计算机传输到另一台计算机。EDI 电子商务模式在 20 世纪 90 年代应用较多，现今主要使用互联网电子商务模式。

知识扩充 2-1

2）intranet 电子商务模式。intranet 主要指企业内部网络，通过该网络进行的企业管理、商品交易等被称为 intranet 电子商务。

3）internet 电子商务模式。internet 电子商务是指通过 internet 进行的电子商务活动，活动范围可以扩大至全球各个角落，参与人员遍布全球，市场规模巨大，是目前电子商务的主要类型。

实训任务

实训任务一　B2C 网上商城对比分析

（一）任务目标

能够在 B2C 网上商城中实现购物。

（二）任务背景

小王是大学三年级的学生，最近学习比较紧张，没有时间去书店选购图书，因此她准备到网上购买商务印书馆出版的由亚当·斯密（Adam Smith）著、蒋自强和钦北愚等翻译的《道德情操论》一书。

（三）任务内容

请帮小王调查四家 B2C 网上商城该书的销售情况，经比较分析后，对这四家 B2C 商城进行恰当的评价，并将相关结果填入表 2.2 中。

表 2.2 B2C 网上商城调查分析

调查时间： 调查人：

网站名称	网站类型	书名	价格	促销方式	商城特色
调研结论					

实训任务二 C2C 平台的注册及购物体验

（一）任务目标

能够使用 C2C 平台。

（二）任务内容

分别到淘宝网、京东商城这两个网站注册，并搜索一款与你使用的品牌相同、价格为 1000～2000 元的手机，作为送给亲人或朋友的新年礼物，并将相关结果填入表 2.3 中。

表 2.3 C2C 网站购物体验情况登记表

调查时间： 调查人：

序号	网站名称	送礼对象	手机品牌/型号/价格	店铺名/网址	选中手机的图片
1	淘宝网				
2	京东商城				
调研结论					

实训任务三　B2B 平台：阿里巴巴网的使用

（一）任务目标

能够使用阿里巴巴等 B2B 网站为实体企业服务。

（二）任务背景

三达电器厂专门生产组装家用冰箱，使用的主要部件是活塞式制冷（冰箱）压缩机。现电器厂需要购买此部件。

（三）任务内容

请在阿里巴巴网站为三达电器厂选择三家优质供应商，将搜集到的信息填入表 2.4 中。

表 2.4　供应商信息表

项目	供应商 1	供应商 2	供应商 3
名称			
所在区域			
规模、实力			
产品系列及主打产品			
相关产品规格及技术参数			
报价或参考价格			
企业信用、信誉			
联系方式和联系人			

实训任务四　电子商务网站业务浏览分析

（一）任务目标

浏览阿里巴巴、亚马逊、eBay 等国内外一些电子商务网站，并加以分析，从而对电子商务的应用性和便利性形成初步的认识。

（二）任务背景

国内各种类型的电子商务网站数量多，各有各的功能优势。

（三）任务内容

浏览国内一些电子商务网站，并制作电子商务网站业务浏览分析表（表 2.5），要求格式清楚、内容完整。

表 2.5　电子商务网站业务浏览分析表

网站模式	名称＋网址	成立时间	主营业务	目标客户	特色优势	内贸/外贸	费用
B2B							
B2C							
C2C							

项目三
网 上 开 店

学习目标

知识目标

- 了解网上开店的前期准备工作。
- 掌握不同形式网店的区别。
- 掌握网店货源选择的要点。

能力目标

- 能够开设微信小商店。
- 熟悉网上开店的流程并能独立开设淘宝网个人店铺。
- 能够熟练操作店铺装修。

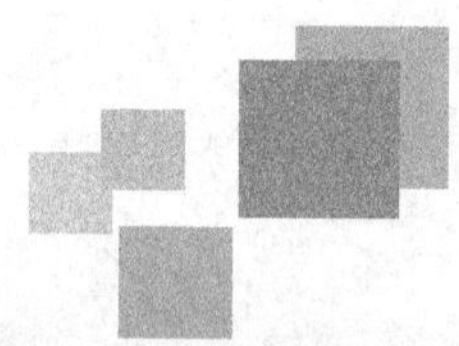

引导案例

互联网+茶业——艺福堂

杭州艺福堂茶业有限公司（简称“艺福堂”）是杭州市2008年首批大学生创业企业之一，诞生于风景秀丽的“中国茶都”——杭州，是一家互联网电商领域中集生产、销售、科研为一体，经营各种名优茗茶、花草养生茶及现代创新茶产品的“互联网+茶业”的新型企业。艺福堂在传统的茶叶流通上去繁就简，通过互联网平台使利益链和成本减少，从而直接惠及茶农及消费者。

艺福堂采用“互联网+茶业”的电商模式，销售平台遍及淘宝网、天猫商城、阿里巴巴、京东商城、唯品会、云集微店、考拉海购、小红书、亚马逊、微信商城等电商平台，拥有1650万购买客户（含艺福堂旗下子品牌），日均发出超1.5万件包裹，是我国茶行业年销售额过5亿元的品牌之一。艺福堂品牌是2011全球十佳网商、2015国家高新技术企业、2017国家级电子商务示范企业、2017—2021年中国茶业百强企业、2020年茶业创新十强企业、首届CCTV中国品牌榜入围品牌、2017—2020年浙江省骨干农业龙头企业、2013年杭州市农业龙头企业、2018年浙江名牌产品、2013年杭州名牌产品、2018—2021年杭州准独角兽企业，还是西湖龙井茶、绿茶、红茶、代用茶等多项国家及行业标准制定者。

艺福堂现有员工300多人，平均年龄25岁，其中产品研发团队多为茶学、药学的硕士研究生和博士生。同时，艺福堂与浙江大学、安徽农业大学、中南大学、浙江农林大学、安徽科技学院等高校签订了产学研校企战略合作，结合高校与企业的各自优势，建立产学研合作关系，形成专业、产业相互促进，最终实现产学研共赢的格局。

艺福堂坚持用互联网思维做健康茶产品，以顾客为中心，不断创新，持续创业，深耕产品和服务。艺福堂旗下拥有实在好茶——艺福堂、为茶设计的美物——雅集、养生茶——以美、现代五谷食补品牌——五谷聚、精制江南茶食——西子春、欧洲第一花草水果茶——德国TEEKANNE、原产地精选茶——茶都等七大品牌，涉及各种名优茗茶、花草茶、花果茶，组方茶饮品、谷物饮品、泡茶器具等茶生活产品，建立了以茶为核心的健康产业生态圈，全方位服务消费者的生活，让消费者在艺福堂一站式享受产品与服务。

（资料来源：杭州艺福堂茶业有限公司简介[EB/OL].[2022-01-06].https://www.efuton.com/aboutUs.）

思考：

1）艺福堂如何定位茶叶产品的网络客户群体？

2）传统线下茶叶店铺转型线上店铺可能会遇到哪些困难？该如何解决？

理论知识

一、开店准备

1. 确定网店形式

网店形式主要有利用第三方电子商务平台、应用独立网店系统、自建网站三种。三种网店形式具有各自不同的特点，如表 3.1 所示。

表 3.1　三种网店形式的比较

比较项目	利用第三方电子商务平台	应用独立网店系统	自建网站
投资成本	成本较低：购买平台增值服务，发布各类广告，平台竞价排名	成本居中：购买独立网店系统费用，空间域名、技术维护费，网店推广费	成本较高：主要有网站建设费，空间域名、技术维护费，网店推广费，专人薪酬等
网店装修自由度	自由度低：受到依附平台的极大限制，要严格遵守平台规则	自由度较高：自主决定店标、支付方式接口等多方面设计，受限于模板	自由度很高：自主决定网店的任何设计，以满足客户的购物需求
精力投入	投入较少：借助模板，省去很多推广、支付、客服管理的精力投入	投入居中：网店搭建轻而易举，需要关注网店内容更新、客户管理等	投入最多：从创建起，对网站设计、管理和运营等各方面都要全程关注
品牌影响力	难树立品牌形象：不易建立起客户忠诚度，不易发生重复购买和推荐购买	较易树立品牌形象：若服务到位，较易建立起客户忠诚度甚至推荐其他客户购买	容易树立品牌形象：若服务到位，容易建立起客户忠诚度甚至推荐其他客户购买

以上三种网店形式都有很多实践者，网店本身并不存在优劣之分。创业者需要根据自己的意愿、实际情况及未来的发展目标，结合各种形式的特点进行分析，慎重思考、整体规划，做出最适合自己的选择。

2. 选择货源

（1）分析网络热销产品

适合网络销售的商品主要包括虚拟商品和实体商品。

虚拟商品，如共享软件、代理充值、为其他商家提供服务等，因为减少了中间环节，购买方便快捷，所以是目前网上比较热门的商品。

实体商品，目前网络热销的主要包括服装服饰、化妆品、手机、家居等以大众消费为主且市场需求量大的商品。主要品种如下。

1）珠宝类：水晶、翡翠吊坠、钻石、名表等。

2）礼品类：皮具等适合作为礼物的产品。

3）数码类：手机、平板电脑、投影仪等。

4）服饰类：衬衫、旗袍、休闲裤等。

5）家居类：家居小产品、床上用品等。

6）书籍类：考试辅导书、母婴护理书等。

7）母婴用品类：奶粉、尿不湿、孕妇装等。

8）美妆类：口红、洗面奶、香水等。

9）电器类：理发器、冰箱、空调等。

10）生鲜类：牛肉、苹果、大白菜等。

11）医药保健类：滴眼液、益生菌、感冒药等。

12）汽车用品类：汽车座椅套、汽车贴膜、汽车清洗液等。

（2）定位创业货源

定位创业货源是成功起步的重中之重，应考虑以下因素。

1）目标群体市场。选择货源时，首先需要考虑的是目标群体的主要人群及其消费潜力。不同的群体有不同的特点和不同的购物倾向。例如，学生（特别是在校大学生）多追求时尚，关注时装、饰品、化妆品及休闲食品；对于女性，特别是刚刚生完孩子的女性，大多数时间待在家里，因此她们通常是网店中母婴用品和家居用品的主要消费者，经营母婴用品和家居用品的商家可以着重研究这类消费人群的特点，以便更好地为她们服务。

2）自身资源优势。在选择货源时，经营者本身的爱好及亲朋好友的资源也需要考虑。如果有亲属经营企业或开专卖店，则可以选择其产品作为网店的货源，这样会有价格优势。另外，创业者还应该选择自己熟悉和喜欢的产品作为货源，这样在向客户推荐时才有足够的底气和信心。

（3）选择进货渠道

1）厂家进货或合作。正规的厂家货源充足，态度较好，而且进货价较低。如果长期合作，一般能争取到滞销换款。但是一般来讲，厂家的起批量较高，不适合小批发商户。如果商户有足够的资金储备，并且不怕有压货的风险，可以直接寻找厂家。

2）批发市场进货。批发市场是最常见的进货渠道。店铺前期的销售量可能不大，可以考虑到当地的批发市场进货；后期如果经营展开，就可以从产品生产地的批发市场进货。在批发市场进货需要有强大的议价能力，力争将批发价压到最低，同时要与批发商建立良好关系，在关于调换货的问题上要与批发商说清楚，以免日后产生纠纷。

3）网上进货。

① 阿里巴巴（1688）进货频道。网上直接进货渠道很多，但是存在的风险也较大，所以最初在网上进货时，可以到阿里巴巴（1688）等知名平台进货频道去选择。为了减少交易风险，应尽可能多地和卖家进行交流，同时选择支付宝交易。

② 淘宝网分销平台。对于初期的卖家，为了降低交易风险，也可以选择淘宝网分销平台上的商品。淘宝分销平台是淘宝网专门为商家提供代销、批发的服务平台，帮助商家快速地找到分销商或成为供应商。这一平台是完全平等开放的，进入的门槛也不高，只要有淘宝网店就可以。

作为新手卖家，选择淘宝分销平台的商品不但可以减少前期的资金投入，而且可以直接从分销商那里获得产品图文资料，甚至可以让厂家代发货；不足之处在于要想申请成为较好货源的分销商或者代销商，一般需要一定的信用等级。

3．其他规划事项

（1）硬件准备

硬件包括可以上网的计算机、智能手机、扫描仪、数码照相机、联系电话、传真机等，不一定要全部配备，但是尽量配齐，以便经营。

（2）软件准备

1）基本的上网操作技能。

2）熟练收发电子邮件。

3）熟练运用聊天工具，如QQ、旺旺、微信等。

4）学会应用Word软件。

5）学会基本的网站设计软件。

6）学会使用图片处理软件。

（3）物流网店物流的实现途径

物流网店物流的实现途径主要包括邮政平邮和快递，快递又包括普通快递（顺丰快递、申通快递、圆通快递等）和EMS快递。网上交易达成后，卖家一般会选择快递的方式来完成商品的转移。邮政平邮虽然相对便宜，但到货时间较慢。卖家在网店正式运营之前，最好先联系几家快递公司，了解快递公司的收费标准，以便发布商品时设置物流费用。

（4）银行账户

网络创业者还要有自己专用的银行账户，并开通网上银行，方便在经营过程中账务的流通。无论是独立网店还是利用第三方电子商务平台开的网店，店主都应该最大限度地方便消费者，提供尽可能多的支付方式。目前通过第三方支付实现的交易额占全部交易额的比重很大，而比较流行的第三方支付网关要求实名认证，要以银行账户作为依托，所以开通自己专用的银行账户也是网络创业的必要工具。

（5）风险防范

1）加密支付工具账户。为保证支付宝等第三方支付工具的安全，需要下载数字证书。它是为了防止其他不法分子盗用账号后，在别的计算机上盗用资金。

2）多考虑技术安全。浏览正规网站，尽量不要浏览不健康网站。避免从网上下载不知名的软件，可以适当购买正版软件；要运用正版的杀毒软件，定期进行杀毒。

3）多识别产品信息。在众多网络受骗案例中，很多是因为买家过于追求廉价。对于宣传离谱的广告需要保持理性，卖家在网上进货时尤其要注意。

（6）网店的工商注册

根据国家市场监督管理总局《关于做好电子商务经营者登记工作的意见》的规定，电子商务经营者应当依法办理市场主体登记。电子商务经营者申请登记为个体工商户的，允许其将网络经营场所作为经营场所进行登记。

二、店铺开设

1. 微信小程序个人店铺的开设

微信小程序依托微信软件，是一种不用下载就能使用的应用，微信用户可以浏览微信小程序里的商品并直接购买。小程序的开发需要一定的计算机知识，更多的经营主体选择购买专业机构开发的程序，并注重商品和服务本身，加强电子商务的运营与推广。

微信小程序团队于 2020 年 8 月推出小商店，可以帮助商家、个体创业者免费、快速地拥有一个卖货小程序，在微信内实现电商业务的自主经营。

微信小商店对企业、个体工商户、个人三种开店类型开放。个人仅需身份证信息就可直接开店，绑定银行卡后可完成提现。个人小商店支持售卖一手和二手商品。需要注意的是，一个微信号仅支持开通一个“个人”主体的小商店。

企业、个体工商户上传营业执照、经营者信息、结算银行账户信息、完善小程序昵称/类目等基础信息配置方可开店。一个微信号可支持开通三个“企业或个体工商户”主体的小商店。

微信小商店如何开启？新用户可以通过微信内搜索小商店助手完成注册，个人在开张完成后，将直接进入移动端小商店后台；企业和个体工商户可在手机上一键开通之后，登录电脑端小商店管理后台进行资料完善和开张。详细流程如下。

1）打开微信小程序，搜索“小商店助手”，并点击进入助手界面，如图 3.1 所示。

2）点击“免费开店”，完善个人资料、上传个人身份信息后，系统进行信息审核，如图 3.2～图 3.4 所示。

图 3.1　微信小商店注册（一）

图 3.2　微信小商店注册（二）

图 3.3　微信小商店注册（三）

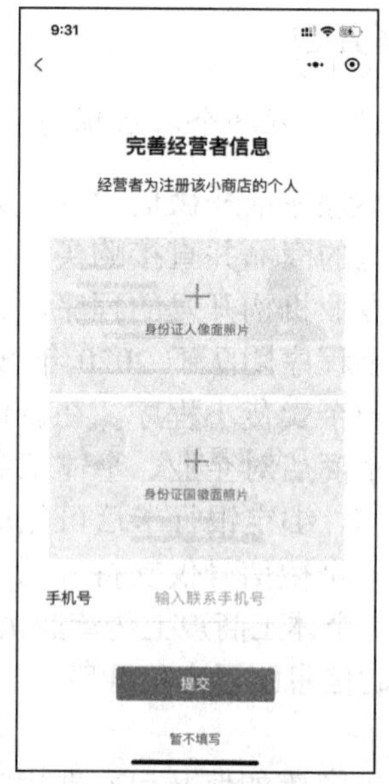

图 3.4　微信小商店注册（四）

3）信息审核成功后，系统提示“待签约”，点击“签约开张”“确认开户意愿并签署”，便可完成开张并进入店铺，如图 3.5 和图 3.6 所示。

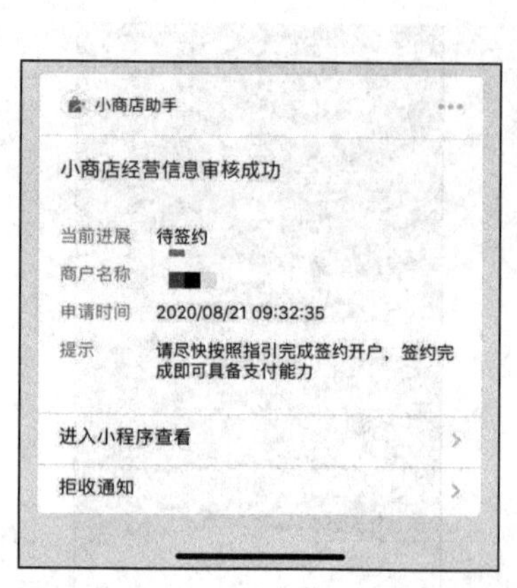

图 3.5　微信小商店注册（五）

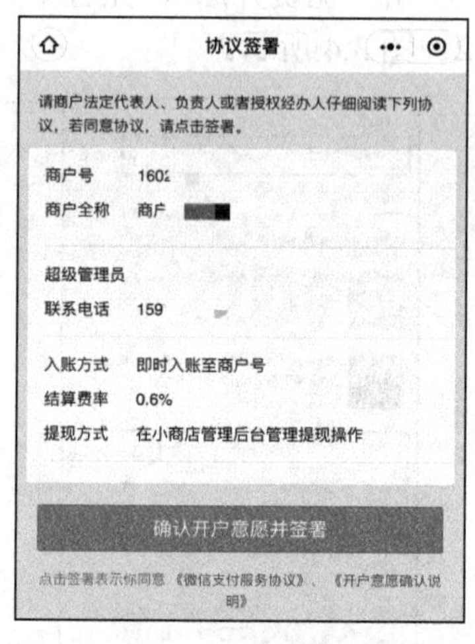

图 3.6　微信小商店注册（六）

4）开店成功后，可以发布商品，并分享店铺给微信朋友。为了帮助商家快速掌握小商店的经营秘诀，微信推出“小商店商家成长中心”，从开店指引、店铺运营到平台规则，都能在这里找到，“手把手”教你开店。可以登录小商店管理后台找到“商家成长中心”或直接在微信学院网站的小商店板块学习相关内容。

2. 淘宝网个人店铺的开设

在开设网店的过程中，不同的平台在平台规则（如上传商品数量、网店评价规则）、使用费用、辅助工具、增值服务等方面有不同的规定，但部分网站结构和操作方法类似。国内 C2C 平台中淘宝网占有较大的市场交易份额，也是部分初次网络创业者的首选平台。下面以淘宝网为例，对具体操作过程进行详细说明。

（1）会员注册

1）打开淘宝网首页，单击页面左上角的“免费注册”链接进入注册页面。

2）进入注册页面后，按照提示信息填写个人信息，包括设置用户名、填写账号信息、设置支付方式、注册成功四步，如图 3.7 所示。会员名注册成功后将不能修改。

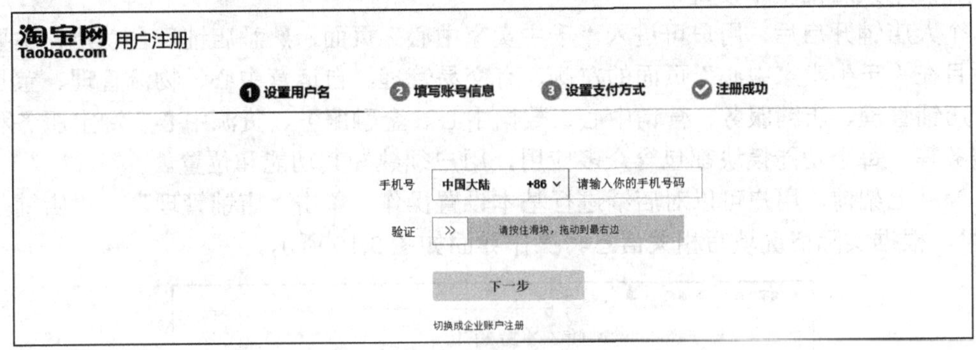

图 3.7 淘宝会员注册

（2）个人店铺开启

1）打开淘宝网首页，单击页面右上角的“千牛卖家中心”→“免费开店”，如图 3.8 所示。

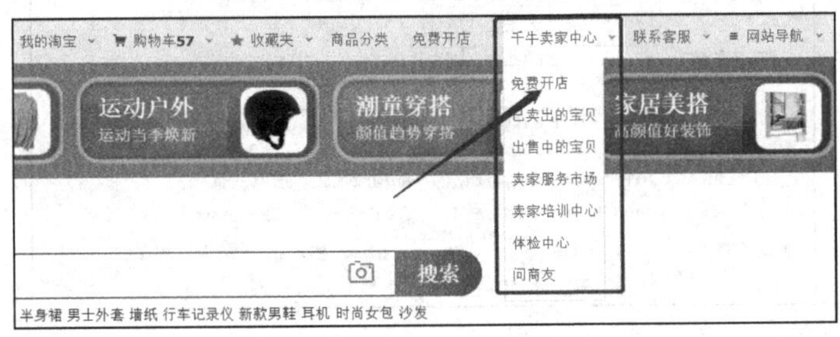

图 3.8 淘宝个人店铺开启（一）

2）按照系统提示完成支付宝账户认证，已经完成的用户不需要再次认证；完成店铺实人认证，系统提示用手机淘宝扫描认证页面上的二维码，然后手机摄像头对准个人头像，按照提示完成相应动作，实人认证通过，个人店铺开启成功。

3）店铺开启成功后，可以从淘宝网首页进入“千牛卖家中心”页面，如图 3.9 所示。

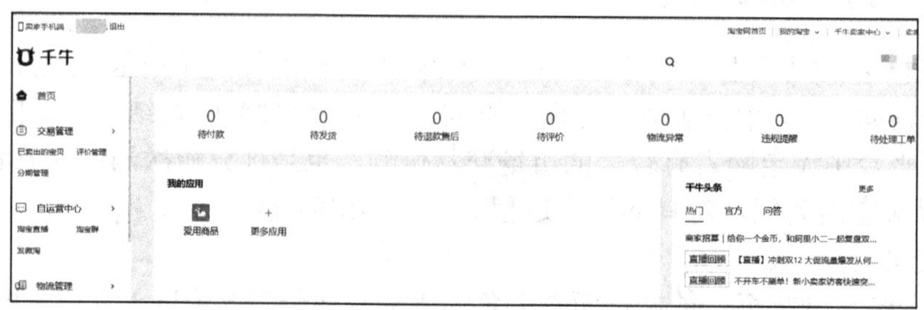

图 3.9　淘宝个人店铺开启（二）

（3）个人店铺基本设置

个人店铺开启后，用户可进入“千牛卖家中心”页面，熟悉店铺后台功能，主要操作栏目在“千牛卖家中心”页面的左侧，有交易管理、自运营中心、物流管理、宝贝管理、店铺管理、店铺服务、营销中心、数据中心、金融服务、货源中心、淘宝服务和客户服务等。每个功能模块都包含众多应用，用户须熟知其功能和位置。

商品上架前，用户可以对店铺进行基本设置操作。单击“店铺管理”→“店铺基本设置”，根据实际情况填写相关信息。操作界面如图 3.10 所示。

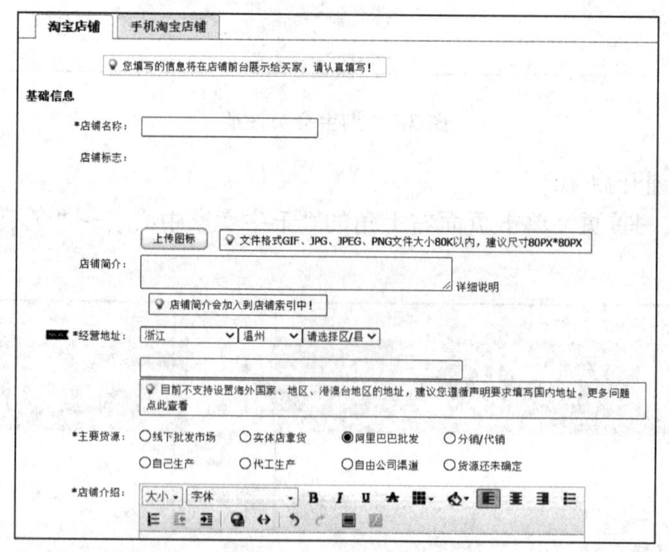

图 3.10　个人店铺基本设置

小提示

在个人店铺基本设置页面中，店铺简介会加入店铺索引。消费者在日常购物中，可能会从店铺搜索进入购物选择界面，因此，店主要根据店铺的实际情况，认真填写店铺简介，以争取更多的有效客户。

（4）发布商品

1）上传商品图片。进入“千牛卖家中心”页面，单击“宝贝管理”→“发布宝贝”，按照系统提示上传商品图片、确认商品类目等信息，如图3.11所示。

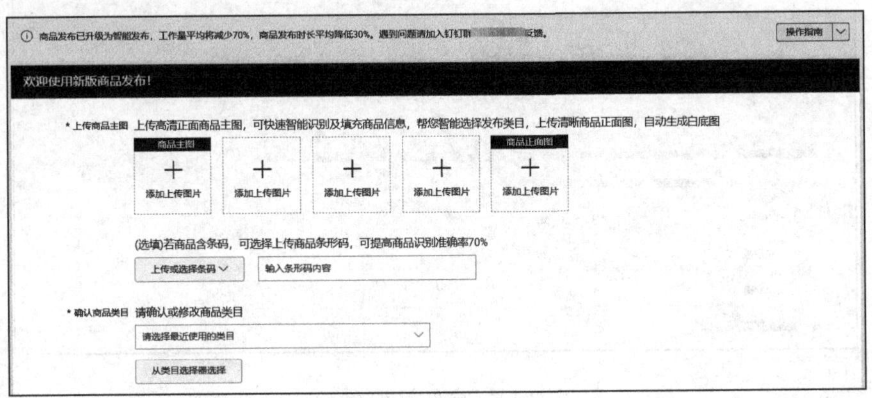

图3.11　发布宝贝（一）

2）填写商品基本信息。商品基本信息主要包括宝贝标题、类目属性、宝贝类型、采购地、宝贝定制情况等。界面如图3.12所示。

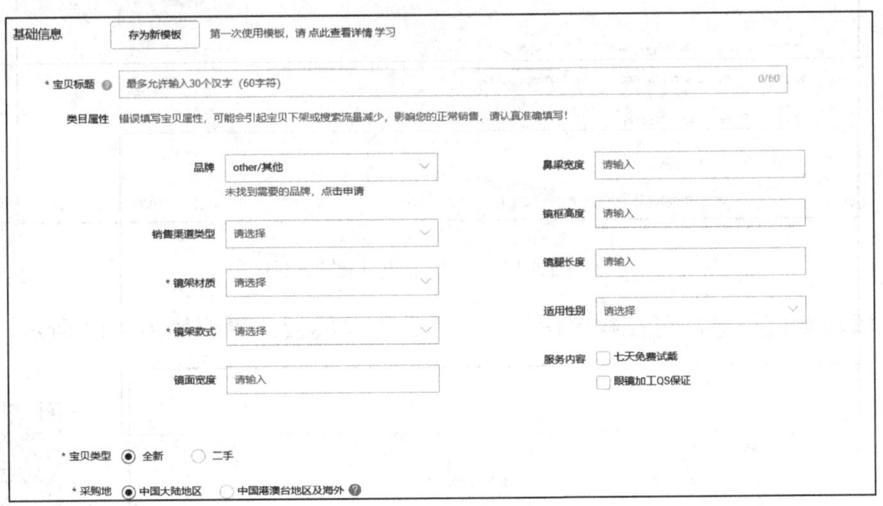

图3.12　发布宝贝（二）

小提示

在填写品牌信息一栏时，如果所上传的商品品牌不在下拉框显示之列，则可以选择“other/其他”选项。

3）填写销售信息。销售信息主要包括颜色分类、自定义宝贝规格、一口价、总数量、商家编码、商品条形码等。界面如图 3.13 所示。

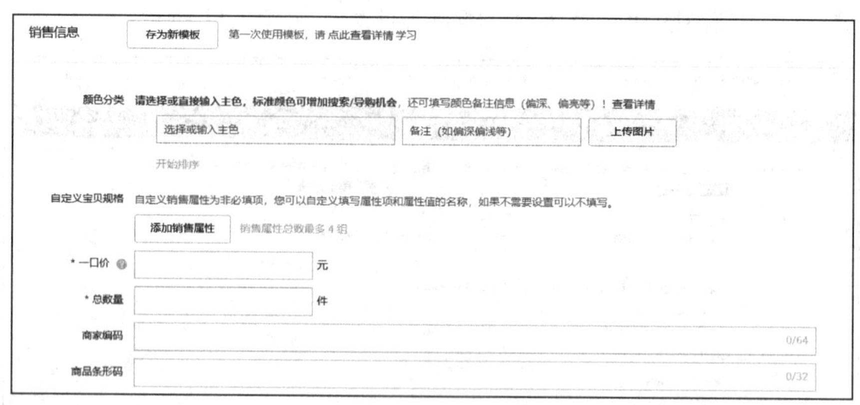

图 3.13 发布宝贝（三）

4）填写支付信息。支付信息主要包括付款方式、库存计数、会员打折、售后服务等。界面如图 3.14 所示。

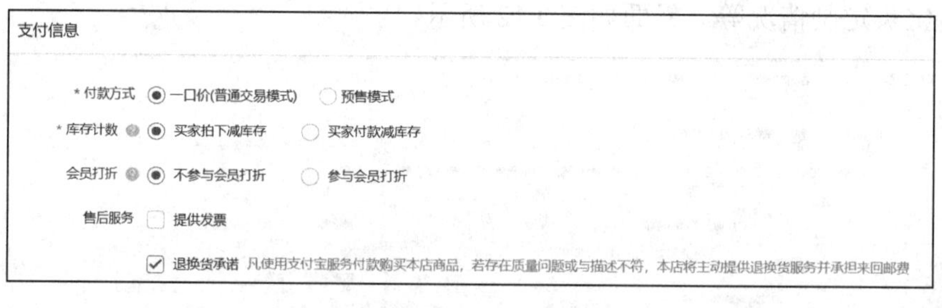

图 3.14 发布宝贝（四）

5）填写物流信息。可在物流信息页面设置物流模板。界面如图 3.15 所示。

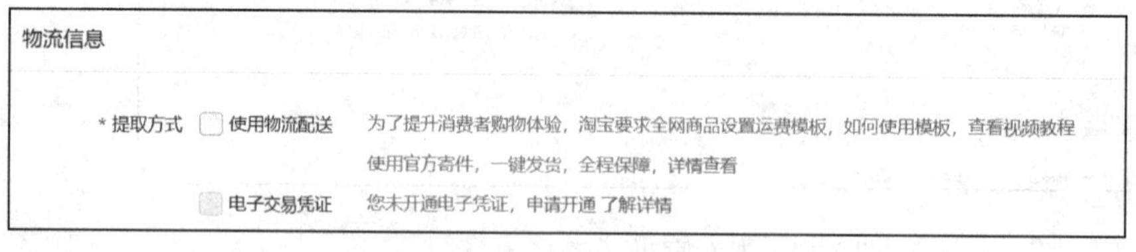

图 3.15 发布宝贝（五）

物流运费模板设置

6）填写商品详情信息。分为电脑端描述和手机端描述两个部分，电脑端描述填写后，手机端描述可以从电脑端描述导入商品详情内容。

7）发布商品或保存至草稿箱。商品信息编辑完毕后，可以根据需要选择上架时间，主要有三种方式：立刻上架、定时上架和放入仓库。选择“立刻上架”按钮并单击“发布”按钮，成功后该商品会在个人店铺（在“千牛卖家中心”页面中单击“店铺管理”→“查看官网店铺”，可以打开个人店铺）中显示，也可以通过在“千牛卖家中心”页面中单击“出售中的宝贝”查看。

（5）淘宝助理的商品发布

淘宝助理是淘宝网专门为店主量身定做的一款客户端软件工具，使用它可以在离线状态下编辑宝贝信息，快捷批量上传宝贝。它还具有批量发货、评价、打印快递单、备份数据库和导入数据等重要功能。

下载安装淘宝助理软件后，就可以通过桌面图标登录，如图 3.16 所示。淘宝助理的登录名即淘宝的会员名，密码即淘宝的登录密码。

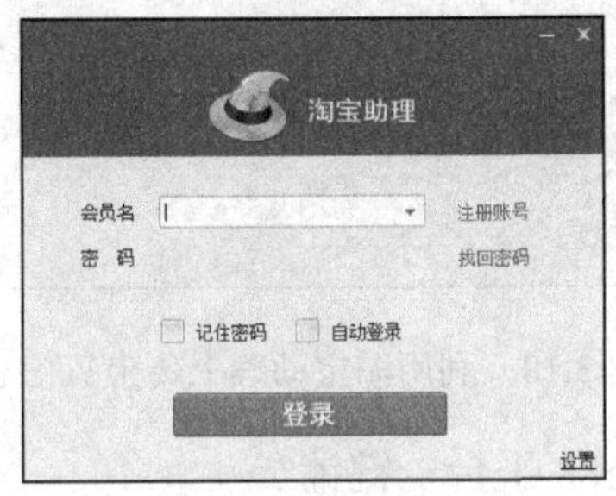

图 3.16　淘宝助理登录页面

利用淘宝助理离线新建宝贝，编辑宝贝的各项资料，如图 3.17 所示。单击“保存”按钮，然后单击“上传”按钮，就可以把编辑好的宝贝信息集体上传到网店，如图 3.18 所示。

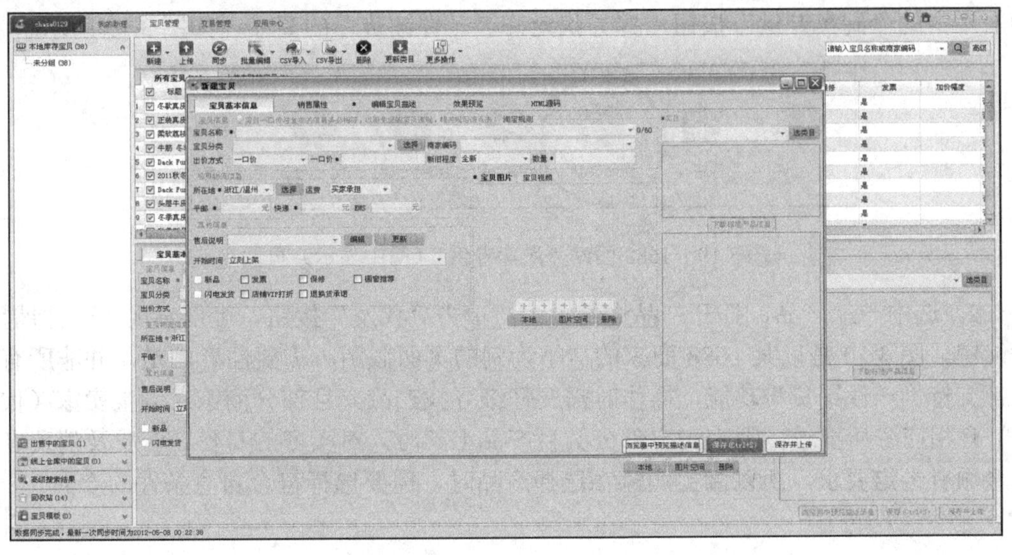

图 3.17　利用淘宝助理编辑宝贝信息

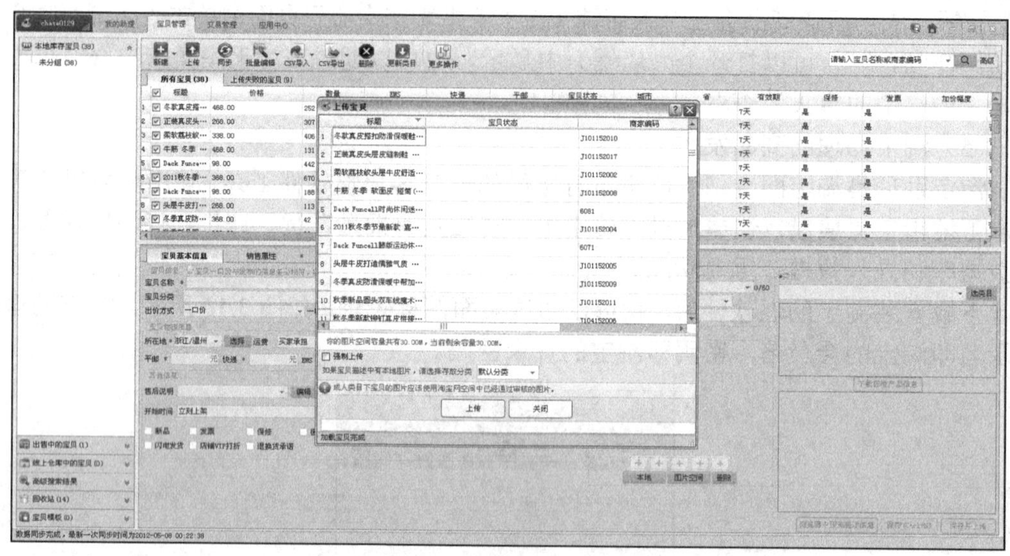

图 3.18　利用淘宝助理上传宝贝信息

（6）1688 平台一键铺货

1688 平台一键铺货

1688 平台与淘宝网平台之间的契合程度较高。1688 平台中部分商品支持“一键铺货”到淘宝网个人店铺，1688 平台部分商家支持为淘宝卖家“一件代发”，淘宝卖家无须库存产品，即通常所说的“无货源”模式。具体操作流程如下。

1）打开 1688 网站并登录账号（账号与淘宝网中的一致），单击导航栏中的“淘卖专供”按钮，并寻找允许“一件铺货”的商品，如图 3.19 所示。

图 3.19　1688 网站“淘卖专供”（圈中显示）页面

2）选中一款产品，打开产品详情页面，单击“代发”按钮，可以发现“一件铺货”功能键。图 3.20 是以某 1688 商家的袜子为例的页面截图。需要注意的是，并非所有产品都支持“一件铺货”功能，操作时需要仔细寻找产品，且部分商家对淘宝卖家（代理商）有相应资质要求；因为淘宝部分类目产品上架时，对卖家的身份、资质及消费者保障金额有一定要求，所以淘宝卖家在选择产品时，需要选择符合自身条件的产品。

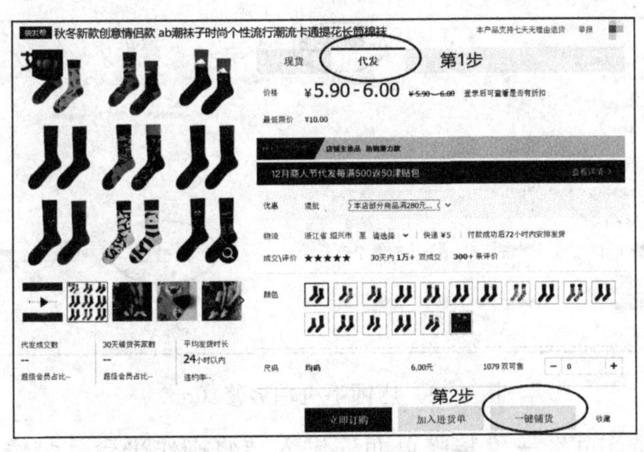

图 3.20 1688 网站“一件铺货”（圈中显示）页面

小提示

淘宝网发布商品时，有些类目要求缴纳消费者保证金，其中部分产品可以通过加入“账期保障”替代消费者保证金缴纳行为。

3）产品铺货到淘宝卖家后台。单击图 3.20 中的“一件铺货”按钮，在打开的界面中选择“传淘宝”→“官方传淘宝”选项，并单击“确认”按钮，系统显示“商品信息已成功发布到淘宝草稿箱！上架前请修改零售价格和运费模板，建议美化宝贝图片。如果在已铺货列表中找不到该商品，请到淘管家－分销消息了解失败原因”。此时，该产品已经进入淘宝卖家“千牛卖家中心”页面中的“仓库中的宝贝”一栏，淘宝卖家可至“仓库中的宝贝”对该产品的主图、产品价格、产品详情页等内容进行编辑后上架。

4）代发产品查询。淘宝卖家如何查找自己所代理的 1688 上架产品？可以通过单击 1688 网站页面顶部导航栏中的“我的收藏”→“铺货入淘的货品”进行查询，如图 3.21 所示。

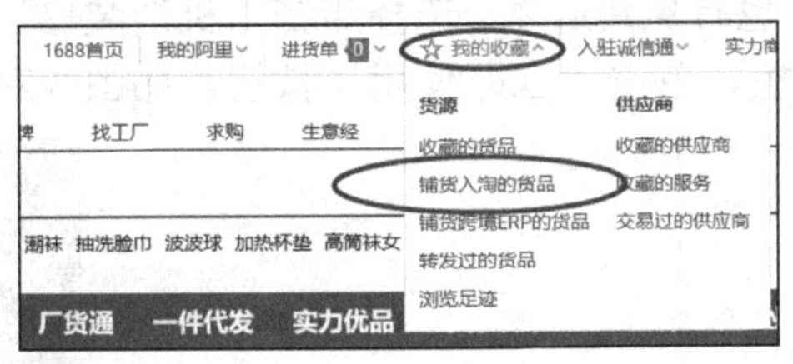

图 3.21 1688 网站“铺货入淘的货品”（圈中显示）页面

三、店铺装修

1. 淘宝网个人店铺手机端的装修

1）进入“千牛卖家中心”页面，单击“店铺管理”→“手机淘宝店铺”→“立即装修”，打开店铺手机端装修页面，如图 3.22 所示。

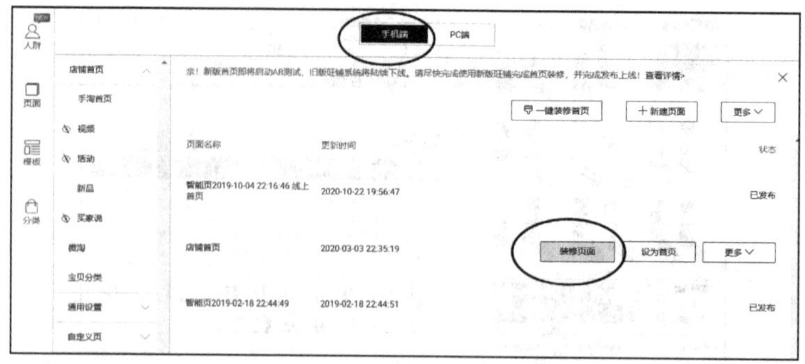

图 3.22　店铺手机端装修（一）

2）单击“店铺首页”→“装修页面”进入装修操作平台，装修操作平台左侧显示各种装修模块供选择，用户可根据需求选择相应模块，将其拖动至个人手机店铺，如图 3.23 所示。根据操作平台提示，用户逐次完成商品图片编辑、信息填写等内容。

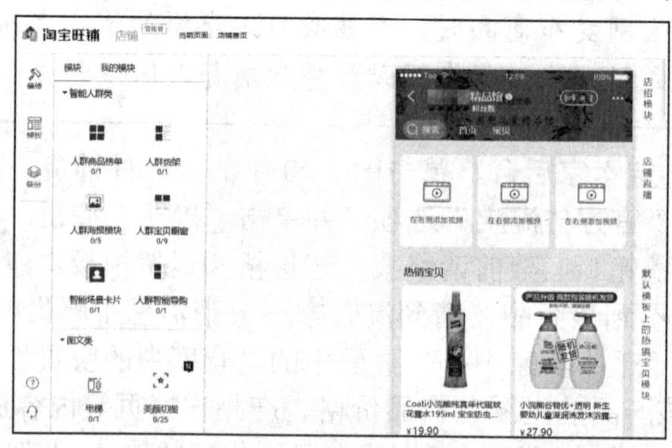

图 3.23　店铺手机端装修（二）

3）选择装修模板。为了更加节约装修时间，淘宝系统提供装修模板，模板根据设计者的要求有不同定价，也有免费版本。选择店铺手机端装修界面左侧的“模板”→“智能模板”，选择合适的模板，单击“立即使用”按钮，如图 3.24 和图 3.25 所示。

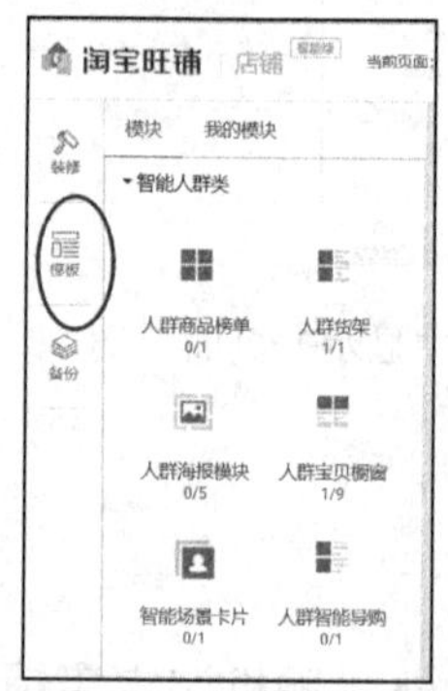

图 3.24　店铺手机端装修模板选择（一）

图 3.25　店铺手机端装修模板选择（二）

2. 淘宝网个人店铺电脑端的装修

1）进入“千牛卖家中心”页面，单击“店铺管理”→“店铺装修”→“PC 端”，打开店铺电脑端装修界面，如图 3.26 所示；或者在“千牛卖家中心”页面中单击“店铺管理”→“查看官网店铺”→“装修页面”按钮。

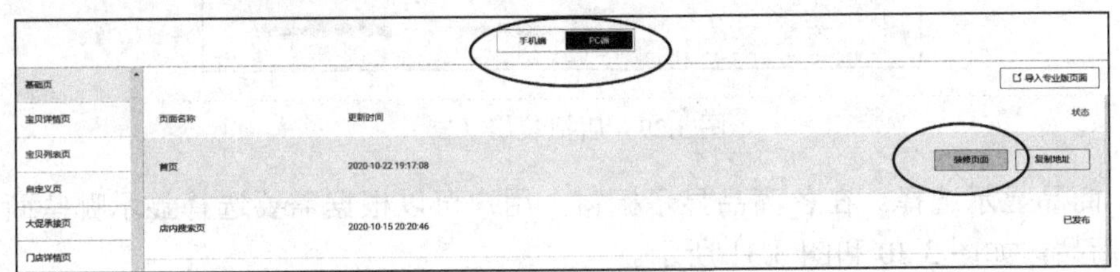

图 3.26 店铺电脑端装修（一）

2）熟悉电脑页面装修功能。电脑端页面装修相对手机端稍显复杂，首页装修的基础模块有宝贝推荐、宝贝排行、默认分类、个性分类、自定义区、图片轮播、友情链接、客服中心等，其主要模块和装修页面如图 3.27 所示。

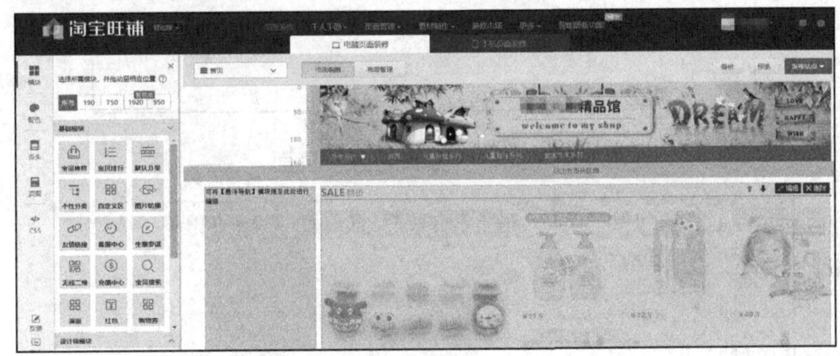

图 3.27 店铺电脑端装修（二）

3）店招装修。店招即淘宝店铺招牌，显示在店铺首页顶端，可通过单击“编辑”按钮进入装修，如图 3.28 所示。

图 3.28 店招装修（一）

店招装修可以选择默认招牌和自定义招牌。通常，用户为了更加凸显自身店铺特色而选择自定义招牌。用户根据店招规定大小（如高 120px、宽 950px），制作完成店招并上传到淘宝图片空间，具体操作如图 3.29 所示。

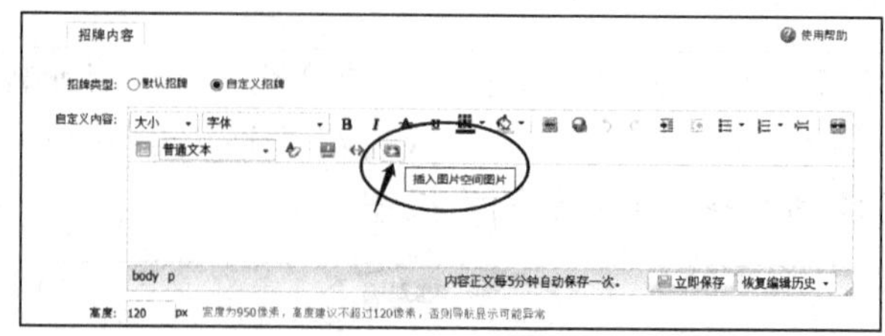

图 3.29　店招装修（二）

4）商品显示选择。在各商品显示橱窗，用户可以根据需要选择显示哪些商品、一行几个商品，如图 3.30 和图 3.31 所示。

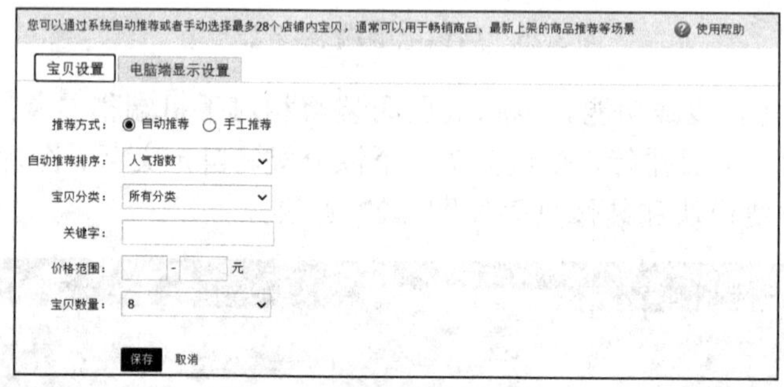

图 3.30　“宝贝设置”页面

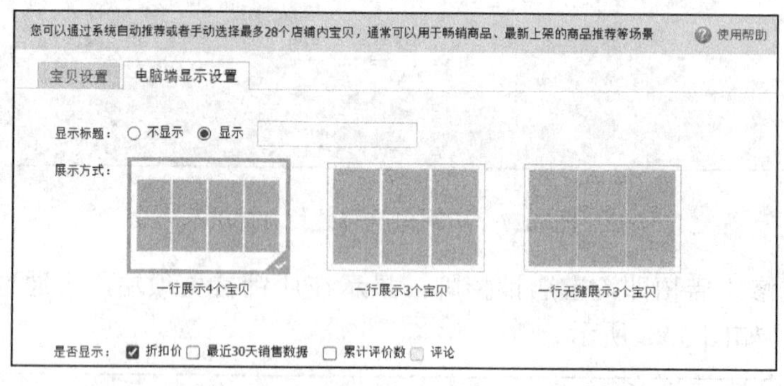

图 3.31　“电脑端显示设置”页面

商品分类设置

5）商品分类设置。商品分类管理是对发布的商品进行有效分类，从而方便顾客浏览，如图 3.32 所示。商品分类可以按照使用性别、商品属性来分，如男士皮鞋、女士皮鞋等；也可以按照商品的品牌来分，如卖运动鞋的店铺，可以按李宁、特步等品牌细分。商品分类需要根据经营商品的数量设置，如果数量多可以尽量详细，方便买家查找。商品分类既可以是文字，也可以是代码图片，还可以设置促销专栏。经营者可以随时对商品分类进行修改。

商品分类管理操作流程：进入“千牛卖家中心”页面，单击“店铺管理”→“宝贝分类管理”链接。可以添加手工分类或自动分类模式。

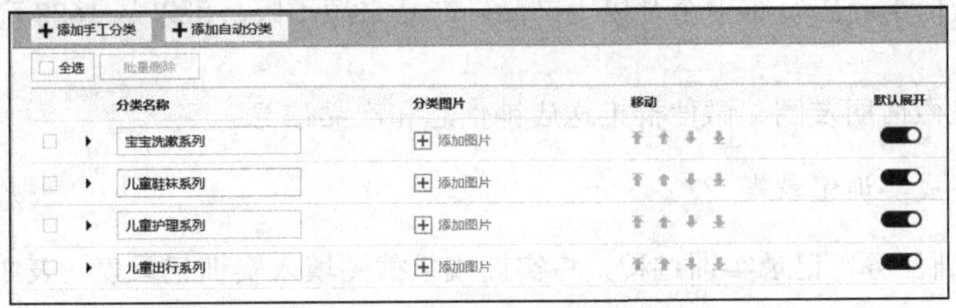

图 3.32 商品分类设置（一）

6）本店搜索设置。本店搜索很大程度上方便了消费者对店内商品进行检索，可以根据需要预设关键词和价格。将鼠标移至“本店搜索”栏，单击“编辑”链接，填写“预置关键字”“推荐关键字”等信息，如图 3.33 所示。

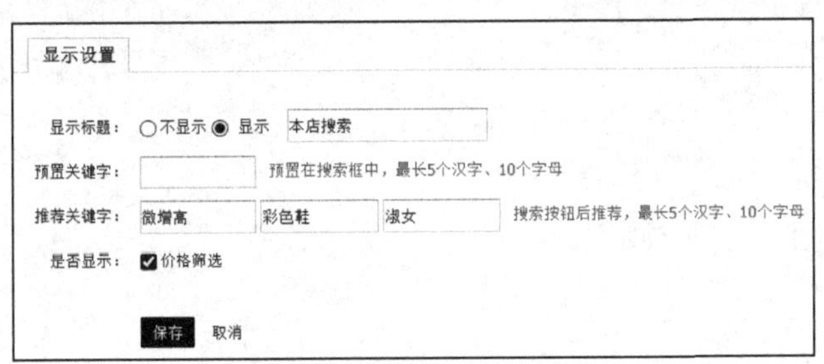

知识扩充 3-1

图 3.33 商品分类设置（二）

淘宝开店创业是一项系统性作业，涉及选货、商品发布、店铺装修、店铺推广、客户服务、客户关系管理及物流配送等诸多问题。只有有效地处理这些问题，才能真正地经营好网上店铺。

实训任务

实训任务一 微信小商店的建立

（一）任务目标

通过微信小商店个人店铺的建立，掌握开店的流程与方法。

（二）任务实施

1）参照本项目所学知识，建立微信小商店个人店铺。

2）在微信小商店发布十个及以上产品，产品来源不限，可以从 1688 商城中选择相应产品。

3）通过微信朋友圈、微信群推送店铺信息和产品信息。

（三）完成实训记录表

完成实训任务，记录实训过程，将实训成果截图填入实训记录表（表 3.2），并填写实训反思。

表 3.2　实训记录表

班级		学号		姓名	
上课时间		实训任务名称			
实训记录					
实训反思					

实训任务二　淘宝网个人店铺的建立

（一）任务目标

通过淘宝网个人店铺的建立，掌握开店的流程与方法。

(二)任务实施

1)参照本项目所学知识，完成淘宝网实名认证，建立个人店铺。

2)进入“千牛卖家中心”页面，熟悉卖家中心后台各项功能，熟练找到店铺各项操作按钮。

3)进入“店铺管理”页面，完成店铺基本设置、手机淘宝店铺设置。

4)进入“店铺管理”页面，熟悉“图片空间”，完成一张图片的上传。

5)进入“店铺管理”页面，单击“查看官网店铺”按钮，熟悉个人店铺显示界面。

(三)完成实训记录表

完成实训任务，记录实训过程，将实训成果截图填入实训记录表(表3.3)，并填写实训反思。

表3.3 实训记录表

班级		学号		姓名	
上课时间		实训任务名称			
实训记录					
实训反思					

实训任务三 淘宝网商品上架

(一)任务目标

通过手工上架和1688平台“一件铺货”功能，熟悉淘宝网商品上架的流程，掌握商品上架的操作技能，掌握淘宝助理的使用方法。

（二）任务实施

参照本项目所学知识，完成以下实训环节。

1）进入“千牛卖家中心”页面，单击“宝贝管理”→“发布宝贝”链接。以女装为例，手工编辑一件商品，并选择“立即上架”选项。产品可从1688平台选取。

2）查看手工上架的产品，浏览销售页面，查找存在的不足。

3）利用1688平台“一件代发”功能，完成商品上传、编辑和发布。

4）打开淘宝助理，完成商品上传、编辑和发布。

5）连续五周，每周上架商品十个及以上，要求每周商品上架时间固定。

6）每日观察“千牛卖家中心”页面中显示的店铺概况，记录访客数、被浏览商品、流量来源、商品销售概况、违规提醒等信息。

注意：淘宝卖家需要加强网络安全意识，学习安全知识，谨防诈骗信息。

（三）完成实训记录表

完成实训任务，记录实训过程，将实训成果截图填入实训记录表（表3.4），并填写实训反思。

表3.4 实训记录表

班级		学号		姓名	
上课时间		实训任务名称			
实训记录					
实训反思					

实训任务四 店铺装修

（一）任务目标

通过淘宝店铺电脑端和手机端装修，掌握店铺装修的基本方法和操作技能。

（二）任务实施

参照本项目所学知识，完成淘宝店铺电脑端和手机端的装修。

1. 电脑端

1）制作与更换店招。

2）设置店铺导航栏。

3）制作与更换轮播图片，要求图片大小符合视觉要求，产品链接有效。

4）编辑客户服务模块具体信息。

5）设置搜索模块的“预置关键字”和“推荐关键字”。

6）完成商品分类管理。进入“千牛卖家中心”页面，单击“店铺管理”→“宝贝分类管理”链接进行设置。

7）完成店铺首页中产品的显示设置，做到整洁、美观。

8）做好宝贝详情页的装修。

9）完成装修，发布站点。

2. 手机端

1）根据需要添加、删减、编辑功能模块。

2）完成店铺首页装修。

3）从装修模板市场选择一套移动端模板并使用。

4）完成装修，发布站点。

（三）完成实训记录表

完成实训任务，记录实训过程，将实训成果截图填入实训记录表（表 3.5），并填写实训反思。

表 3.5　实训记录表

<table>
<tr><td>班级</td><td></td><td>学号</td><td></td><td>姓名</td><td></td></tr>
<tr><td>上课时间</td><td></td><td>实训任务名称</td><td colspan="3"></td></tr>
<tr><td>实训记录</td><td colspan="5"></td></tr>
<tr><td>实训反思</td><td colspan="5"></td></tr>
</table>

项目四
网 店 运 营

学习目标

知识目标

- 掌握竞争对手分析要素。
- 掌握店铺权重的影响因素。
- 掌握产品权重的影响因素。
- 熟悉产品标题撰写要素。

能力目标

- 能够熟练选取产品关键词。
- 能够提高店铺权重和产品权重。
- 能够修改标题并统计分析数据指标。

引导案例

互联网思维 运营网络店铺

伴随软硬件技术的迅猛提高和电商普及化，网络店铺数量也与日俱增。作为网络店铺店家，如何成功吸引流量，提升转化率，提高客单价，做好客户关系管理，提升产品复购率，决定着企业的生存与发展。运用互联网思维、大数据来经营店铺，面临诸多的机会与挑战。

案例一：依托大数据研究 蒙牛推出互联网牛奶“甜小嗨”

“甜小嗨”是基于大数据研究的产物，精准定位了细分人群，其外包装采用马卡龙甜蜜配色，粉色包装为女版，蓝色包装为男版，创意十足。“甜小嗨”于2016年4月推出，专为年轻消费群体定制，主张“喝点甜的，小嗨一下”的理念，试图用香甜的牛奶抵御生活中的一切负面情绪，从而达到积极乐观的生活状态。“甜小嗨”在各大电商平台一上线就销售了十几万箱，从理念到上线销售仅用了短短三个月。天猫方面的数据显示，“甜小嗨”当年取得了线上甜牛奶排名第一的好成绩。这步电商之路，蒙牛踩在了点子上。

案例二：互联网手机的先锋 小米成吉尼斯纪录创造者

小米科技有限责任公司（以下简称“小米公司”）成立于2010年3月3日，是一家专注于智能硬件和电子产品研发的全球化移动互联网企业，也是一家专注于智能手机、互联网电视及智能家居生态链建设的创新型科技企业。小米公司创造了用互联网模式开发手机操作系统、用户参与开发改进的模式。

小米公司已经建成全球消费类物联网平台，连接超过1亿台智能设备，进入全球100多个国家和地区，月活跃用户达3.96亿。小米公司系投资的公司覆盖智能硬件、生活消费用品、教育、游戏、社交网络、文化娱乐、医疗健康、汽车交通、金融等领域。

2015年，小米网的米粉节促销活动，实现12小时销售211万台手机，创造了“单一网上平台24小时销售手机最多”的吉尼斯世界纪录。2021年8月，小米公司在世界500强企业中排名第338位，大幅提升84名。2021年第二季度，小米手机全球市场份额超越苹果手机，晋升全球第二。“饥饿营销”是小米公司电商运营成功的秘诀，而品牌的质量与价格则是小米公司电商运营成功的关键。

案例三：百年传承守肌肤之美 淘面膜御泥坊的品牌包装

面膜已经融入女性的护肤流程，面对大洗牌的市场，御泥坊依托电商渠道强势崛起，经过更深一步的重新定位和品牌包装，成为红极一时的淘品牌。御泥坊线上销售渠道主要天猫、淘宝、唯品会、京东、聚美优品等互联网电子商务平台及公司自有线上平台，其中天猫布局远大于其他几个平台。凭借阿里平台等带来的电商流量红利，御泥坊线上销售额不断飙升，甚至一度贡献御泥坊销售额的90%以上，成为红极一时的明星淘品牌。御泥坊成功的原因主要是注重品牌建设与推广，主要内容为电商平台广告投放、影视投放、新媒体推广等方式。

案例四：再造一个线上零食王国 良品铺子想让更多人的嘴巴去旅行

良品铺子2006年起家，全国1800多家线下门店，2010年开始接触互联网，2012年线上销售仅1500万元；2019年，良品铺子产品在全渠道各类终端的销售额为97.37亿元；2020年2月24日挂牌上市，股票代码为603719。良品铺子首先是把电子商务当成未来的战略布局，而不仅视其为单一业务渠道，考虑更多的是其长期利益。所以不管是在基础建设，还是软件、信息、技术、人员、广告等方面，良品铺子都在线上做出了巨大的前期投入。

案例五：雀巢与阿里深度合作 咖啡电商渠道销售额占比30%

如今的咖啡市场很大，最早是出于对外国饮食文化的追捧，如今与生活品质的追求有或多或少的关联，咖啡正在一步步地深入中国消费者的生活。雀巢入驻天猫后，2015年，雀巢在华电子商务销售增长超过1倍。2016年是雀巢集团创建150周年，雀巢与阿里巴巴集团在北京鸟巢国家体育场进行了“喵巢星”战略合作升级，为了给雀巢-阿里巴巴联盟助力，计划了一个为数不多的、雀巢集团旗下多个公司和全品类共同举办的“超级品牌日”活动，通过15家天猫旗舰店进行促销。

（资料来源：编者根据相关资料整理。）

思考：

1）如何提升网络个人店铺的销量？
2）如何制定个人店铺发展规划。

理论知识

一、竞争对手分析

在日常店铺运营中，尤其是店铺起步阶段，分析和学习竞争对手，通常能使自己更快地习得开店知识。在分析竞争对手时，首先需要明确自身的目标需求，如竞争对手流量渠道、订单增长趋势、订单量、发展趋势、产品图片与短视频、产品价格、物流价格信息等。

1. 产品分析

（1）产品差异

产品差异是指企业以某种方式改变那些基本相同的产品，以使消费者相信这些产品存在差异而产生不同的偏好。按照产业组织理论，产品差异是市场结构的一个重要因素，差异产品的成功往往在很大程度上影响着企业控制市场的程度。除了完全竞争市场（产品同质）和寡头垄断市场（产品单一），产品差异通常是普遍存在的。

（2）产品价值

产品价值是由产品的功能、特性、品质、品种与式样等所产生的价值。它是顾客需要的中心内容，也是顾客选购产品的首要因素，因而在一般情况下，它是决定顾客购买总价值大小的关键和主要因素。

产品价值是由顾客需要决定的，在分析产品价值时应注意以下两个方面。

1）在经济发展的不同时期，顾客对产品有不同的需求，构成产品价值的要素及各种要素的相对重要程度也会有所不同。例如，我国在计划经济体制下，由于产品长期短缺，人们把获得产品看得比产品的特色更为重要，顾客购买产品时更看重产品的耐用性、可靠性等性能方面的质量，而对产品的花色、式样、特色等较少考虑；在市场商品日益丰富、人们生活水平普遍提高的今天，顾客往往更为重视产品的特色质量，如要求功能齐备、质量上乘、式样新颖等。

2）在经济发展的同一时期，不同类型的顾客对产品价值也会有不同的需求，在购买行为上显示出极强的个性特点和明显的需求差异性。因此，这就要求企业必须认真分析不同经济发展时期顾客需求的共同特点，以及同一发展时期不同类型顾客需求的个性特征，并据此进行产品的开发与设计，增强产品的适应性，从而为顾客创造更大的价值。

（3）价格设置

产品价格是销售的主要影响因素之一，查看竞争对手产品的价格区间，设置合理的价格区间和人群定位，可有效帮助产品成功销售。以淘宝店铺连衣裙产品为例，通常观察两个区块：一是综合排序界面，可以清晰显示价格区间和购买用户占比，如图 4.1 所示；二是搜索结果产品展示页中相近或类似产品，并记录其价格区间。

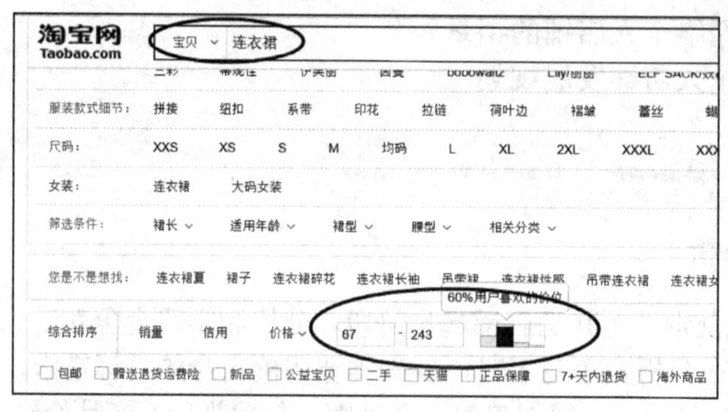

图 4.1　价格区间与购买用户占比（圈中所示）

2. 转化率分析

（1）产品主图

以淘宝为例，在产品详情页中有五张主图，每张主图表现不同的卖点和特点，需要在视觉、文案方面区别于竞争对手。可以把产品的主图和竞争对手的主图进行对比，找出竞争对手未关注的点，加到自己的产品主图中。

（2）主图视频

主图视频是卖家争夺点击和转化的战略要地，消费者偏爱通过主图视频了解产品卖点。可以采用与竞争对手不同的拍摄方法，把产品卖点通过视频的方式展现出来，提高转化率。

（3）详情页

详情页是卖家详细说明产品卖点的板块，主图的卖点是产品的主要卖点，其余的卖点或者对于卖点的补充可以在详情页补充说明。例如，女装类目的产品需要在详情页添加产品细节图、产品尺码表等，这些必要的细节可以在详情页补充描述。

为减少跳失率、提高店铺停留时间、提升店铺转化率，卖家通常在详情页中链接店铺其他款式产品，吸引顾客点击或购买。

（4）发货地

可以查看竞争对手的发货地，以及这个类目的产品在哪个地区的销量高，进行对比和数据分析后结合自己的仓库填写发货地址。

（5）SKU 设置

SKU（stock keeping unit，库存量单位）即库存进出计量的基本单元，可以以件、盒、托盘等为单位。如果同一款产品有 N 种颜色，通常称为 N 个 SKU。分析竞争对手的 SKU 设置情况，如竞争对手对于 SKU 的描述是黑色、黄色、白色、粉色，可以在自己产品的 SKU 中增加材质的表述（如黑色-棉麻、黄色-棉麻、粉色-棉麻），根据实际情况设置差异化 SKU。

（6）客服水平

通过与竞争对手的客服进行沟通，参考学习竞争对手的自动回复话术设置，分析竞争对手客服人员的反应速度、人工回复话术等，更改并运用到自己的产品客服中。

3. 产品流量分析

竞争对手产品流量分析，可以通过观察产品页面获得基础信息，如产品月销售量、累计评价数等。如需获得更多信息，则可以通过单击“千牛卖家中心”页面中的“生意参谋”→“市场”链接进行分析，目前部分功能需要购买后才能使用。

二、店铺权重与单品权重

流量是网络店铺的生存基础，如何提升搜索引擎对店铺或产品的收录与排名是广大电子商务运营人员的重要工作之一，而权重是影响搜索引擎排名的依据之一，在具体表述中通常将权重分为店铺权重和单品权重。下面以淘宝店铺为例，分析店铺权重和单品权重的影响因素。

1. 店铺权重

简而言之，店铺权重是店铺的综合能力考核评估，主要影响因素包括店铺类型、店铺层级、店铺 DSR、店铺稳定性和店铺违规情况等。

（1）店铺类型

店铺类型主要分为天猫店铺、企业店铺和个人店铺三种类型，是影响店铺权重的因素之一，影响程度根据不同的主营产品有一定差异。若选择个人店铺经营，则需考虑价格数据统计中个人店铺占比较多的价格区间来上传产品，并设置价格。

（2）店铺层级

淘宝系统根据销售金额将店铺分为若干层级，店铺层级可以通过单击“千牛卖家中心”页面中的“数据中心”→“生意参谋”链接查看，如图 4.2 所示，大部分类目分为七个层级。通常来说，第一层级与第二层级归属于低阶卖家，第三层级到第五层级归属于中阶卖家，第六层级和第七层级归属于高阶卖家。针对低阶卖家，提高层级可以直接带动更多流量；针对中阶卖家，提高层级才能合理地摆脱流量瓶颈。简单地说，店铺层级越高，权重越高，淘宝网给的流量就越大。层级是依据店铺 30 天内的交易额而定的，每个类目的额度不同。

在店铺运营中，要争取提升店铺层级，一般应保持店铺层级在三层及以上，以便获得更好的店铺权重和流量支持。

（3）店铺 DSR

DSR 评分是指买家在交易完结后针对店铺的“描述相符”“服务态度”“发货速度”三项的评估，动态评分测算最近 180 天的数据。DSR 评分作为考量店铺服务水平的关键指标，影响自然搜索中的权重，高评分让店铺排名更靠前，进而带来大量流量，提高店铺销量。店铺 DSR 评分可以从店铺首页查看，如图 4.3 所示。或通过单击“千牛卖家中心”页面中的“数据”→“生意参谋”首页→“评价看板”分析评价情况。

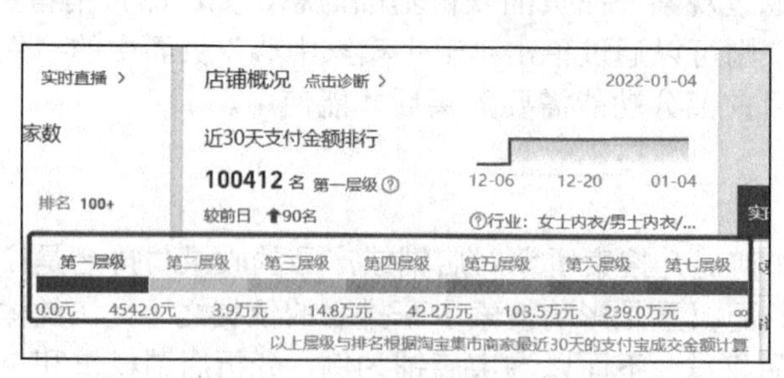

图 4.2　淘宝店铺层级

图 4.3　店铺 DSR 评分

（4）店铺稳定性

这里的店铺稳定性主要指产品上新、动销率和滞销率三个方面。通常来说，在网络店铺运营中会定期上传新产品，上传新产品的时间可以固定为每周或每月的某个时间段。网店动销率为有销量的产品数在店铺总产品数中的占比，即网络动销率=有销量的产品数/店铺总产品数×100%。网店动销率通常以近 30 天数据进行统计分析，30 天内没有任何销售的产品，可以考虑更换或更新后重新上架。滞销率是动销率的相对面，即滞销率=1-动销率。一般而言，滞销率越低越好。

（5）店铺违规情况

店铺违规会降低店铺权重，违规类型分为警告、扣分、处罚等。因此，店铺运营人员要密切关注店铺动态，及时处理违规信息。

2. 单品权重

单品权重也称宝贝权重，是一个产品的相关因素，影响搜索排名和客户流量，主要包括新品权重、数据权重和非数据权重等。下面以淘宝店铺为例进行分析与描述。

（1）新品权重

对于店铺新上架的产品，系统给予一定的新品权重。通常来说，随着时间的推移，系统配备的新品权重会逐渐下降，新品上架后需要及时做好收藏、加购，提升转化率。

（2）数据权重

数据权重是指产品销量、转化率、加购率、收藏率和加购收藏转化率等数据指标的高低带来的权重评分。转化率是单品权重的重要影响因素，产品转化率可以以行业平均值作为参考数据。

（3）非数据权重

非数据权重主要指详情页跳失率、单品退款率、单品投诉率、单品负面评价数和单品详情页的停留时长等方面的权重，前四项的数值越低越好。

三、产品标题

为了使网店运营工作提升搜索引擎的收录排名，易于被消费者检索，产品标题的撰写占据重要的角色。产品标题撰写需站在消费者检索偏好的角度，并考虑搜索引擎的检索规则。消费者通过产品标题能大致了解产品特点，产品标题设置得当能帮助产品获得较好的展现量与排名，消费者通过搜索标题关键词了解产品特点，进而对产品产生兴趣，并形成点击、收藏、购买等行为。下面以淘宝店铺为例分析产品标题。

1. 标题概述

产品标题显示在搜索结果和详情页顶端，占据重要的页面位置，以吸引消费者的目光。标题不是完整的句子，而是由若干关键词组合而成，淘宝店铺规定产品标题字数限制为 60 个字符（30 个汉字）。标题撰写应在字符限制内充分做好关键词编排，每个关键词意味着一部分流量的引入，因此，要尽可能写满 60 个字符（30 个汉字）。

由于每位网店运营人员的关键词撰写思路和操作方法不同，标题通常具有唯一性，但部分店铺为代销类型，标题、主图与详情页描述均为合作企业提供，也有部分店家在上架产品时未及时更改标题等内容。

产品标题的撰写要符合淘宝店铺规则，不能违反相关国家法律法规，要从产品实际出发，不堆砌关键词、盲目使用大词和热词，更不能抄袭他人的产品标题。

2．关键词分类

产品标题中心关键词可分为核心关键词、促销关键词和属性关键词，也可以按照关键词级别分为一级关键词、二级关键词和长尾词，这三种类型关键词的构成、特点如表 4.1 所示。

表 4.1　关键词分类

类别	构成	特点	举例
一级关键词	产品名	搜索的人最多，用这个词的商品数量也最多	连衣裙、女装、裙子、创可贴
二级关键词	一个属性/特性/材质等+产品名	搜索的人较多，用这个词的商品数量也较多	修身连衣裙、雪纺连衣裙、防水创可贴
长尾词	两个及以上属性/特性/材质等+产品名	搜索的人较少，用这个词的商品数量也较少	修身雪纺夏季连衣裙、防水卡通创可贴

3．关键词选取

（1）关键词的相关度

关键词选取需要与产品本身具有高相关度，不可为更多的展现机会而堆砌大词和热词，以至于忽略产品本身的特性，否则即使提升展现机会，后期也难以转化。

（2）选词渠道

选词渠道

选取关键词时，要从产品本身入手，充分利用淘宝搜索联想关键词、直通车和生意参谋等工具。

1）充分了解产品本身，包括宝贝的属性、特点、SKU 等情况，避免出现词不对品的情况。

2）收集淘宝搜索联想关键词。在淘宝网搜索框中输入产品关键词，下拉框会显示系统统计的关联热搜关键词，如图 4.4 所示，可对关键词进行记录和甄选，选取合适的关键词作为备选。

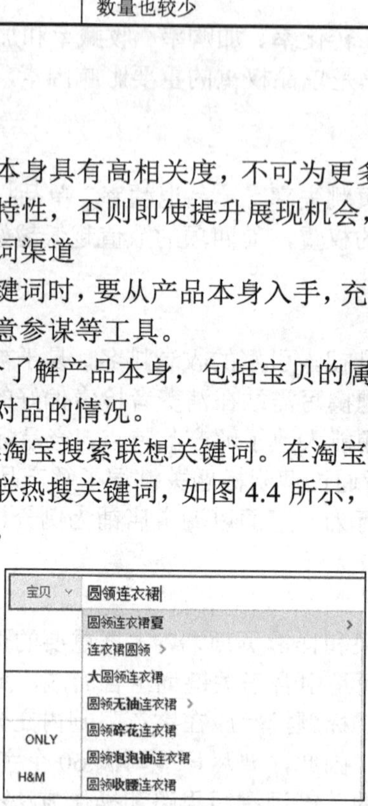

图 4.4　淘宝搜索关联热搜关键词

3）收集搜索结果“您是不是想找”显示关键词。输入关键词后，在搜索结果的“您是不是想找”一栏显示系统推荐的关键词，如图 4.5 所示，可对关键词进行记录和甄选，选取合适的关键词作为备选。

淘宝网 Taobao.com
宝贝 连衣裙 搜索
上传图片就能搜同款啦!
所有宝贝 天猫 二手
所有分类 >
收起筛选
品牌：UR Vero Moda ONLY ZARA HSTYLE/韩都衣舍 乐町 PEACEBIRD/太平鸟 H&M 蒂妮佳 伊芙丽 SLTOWN/小镇姗姗 茵曼 Lily/丽丽 ELF SACK/妖精的口袋 多选 更多
服装款式细节：拼接 纽扣 系带 印花 拉链 荷叶边 褶皱 蕾丝 蝴蝶结 纱网 多选 更多
尺码：XXS XS S M 均码 L XL 2XL XXXL XXXXL XXXXXL 多选
女装：连衣裙 大码女装
筛选条件：裙长 适用年龄 裙型 腰型 相关分类
您是不是想找：连衣裙夏 裙子 连衣裙碎花 连衣裙长袖 吊带裙 吊带连衣裙 连衣裙性感 连衣裙显瘦 白色连衣裙 旗袍 连衣裙长

图 4.5 淘宝搜索结果关联词

4）利用直通车收集关键词。直通车是淘宝店铺的营销工具之一，通过关键词竞价方式获得排名展示机会。直通车的应用内容将在项目五中加以介绍，本项目只介绍关键词获取部分。

利用直通车收集关键词

通过单击“千牛卖家中心”页面中的“营销中心”→“直通车”进入直通车，单击导航栏中的“推广”按钮进入操作界面，在“标准推广”中新建推广计划，并选择某款产品，如图 4.6 方框所示。

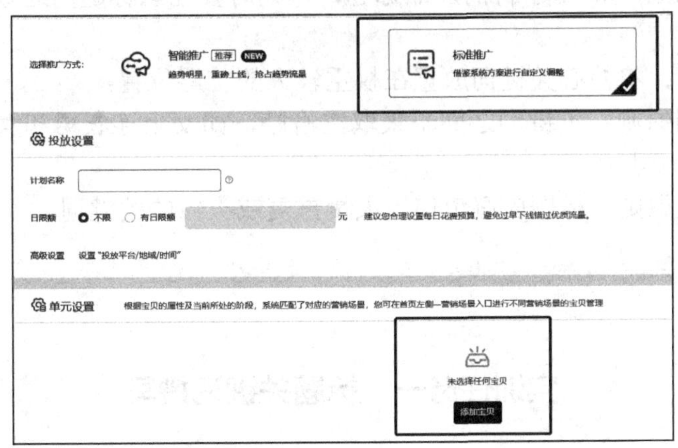

图 4.6 直通车计划建立

选定产品后，单击“下一步，设置推广方案”按钮，即显示“更多关键词”，单击“更多关键词”后，系统显示产品相关关键词，如图 4.7 所示。显示的关键词有相关性、展现指数、竞争度、市场平均出价、点击率和点击转化率等指标。网店运营人员可以复制下载关键词到表格处理工具中进行数据分析，选取合适的关键词作为备选。

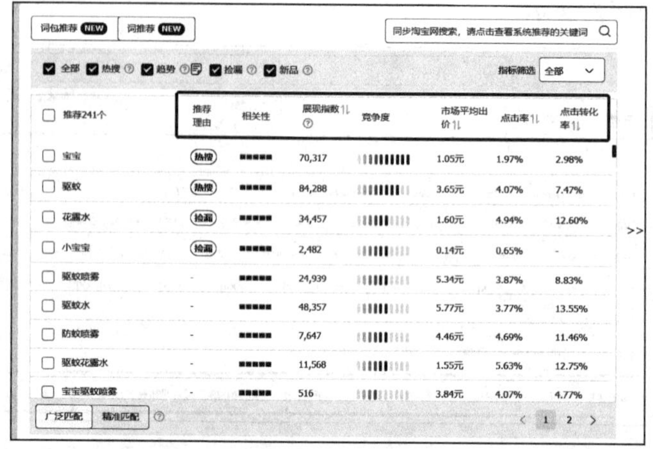

图 4.7　直通车关键词筛选

5）利用生意参谋收集关键词。通过单击“千牛卖家中心”页面中的“生意参谋”→“市场”，查看市场热搜关键词，通过观察搜索人气、点击率、交易指数、支付转化率、在线商品数等指标选取合适的关键词作为备选。

4. 标题关键词选取原则

在选取标题关键词时，通常有以下几项原则。

① 可读性原则：60 个字符的产品标题，排列时要注意标题的通顺性和可读性以及可拆分性。

② 首尾原则：将核心关键词放置在权重较大的首尾位置。

③ 紧密排列原则：关键词之间不采取空格等，如女士连衣裙和女士修身连衣裙，这两个词的权重不同。

④ 避免重复原则：标题应避免使用大量重复或类似的关键词。

实训任务

实训任务一　标题关键词撰写

（一）任务目标

以自身淘宝店铺某款产品为例，利用所学知识撰写产品关键词。

（二）任务实施

1）选定某款产品，分析产品特性，撰写关键词并记录。

2）分析竞争对手产品，收集并记录关键词。

3）利用淘宝搜索联想关键词收集并记录关键词。

4）利用淘宝搜索结果“您是不是想找”收集并记录关键词。

5）通过直通车工具搜索并记录关键词。

6）筛选关键词并填入表 4.2 中。

表 4.2　筛选关键词记录

品牌词（可选）	产品型号（可选）	核心词 1	修饰词\属性词（可选）	核心词 3	修饰词\属性词（可选）	一级词	修饰词\属性词（可选）	核心词 4	修饰词\属性词（可选）	核心词 2
正正正正正正正正正正正正正正正正正正正正正正正正正正正正正正（60 个字符对照使用）										

（三）完成实训记录表

完成实训任务，记录实训过程，将实训过程截图填入实训记录表（表 4.3），并填写实训反思。

表 4.3　实训记录表

班级		学号		姓名	
上课时间		实训任务名称			
实训记录					
实训反思					

实训任务二　流量变化记录

（一）任务目标

在实训任务一的基础上，完成店铺所有产品标题的修改，记录修改后两周内的流量变化情况。

（二）任务实施

1）按照实训任务一的流程，修改所有产品的标题。

2）修改标题后，连续记录两周内的产品流量、加购、收藏、订单数、转化率等指标。

3）选取某些指标，制作变化曲线图。

4）以小组为单位，讨论实训任务心得，总结经验，并在课堂上分享。

（三）完成实训记录表

完成实训任务，记录实训过程，将实训成果填入实训记录表（表 4.4），并填写实训反思。

表 4.4　实训记录表

<table>
<tr><td>班级</td><td></td><td>学号</td><td></td><td>姓名</td><td></td></tr>
<tr><td>上课时间</td><td></td><td>实训任务名称</td><td colspan="3"></td></tr>
<tr><td>实训记录</td><td colspan="5"></td></tr>
<tr><td>实训反思</td><td colspan="5"></td></tr>
</table>

项目五
网 店 推 广

学习目标

知识目标

- 掌握直通车的原理与作用。
- 掌握超级推荐推广计划。
- 掌握网络商务信息收集和整理的方法。

能力目标

- 能够熟练使用直通车工具进行推广。
- 能够熟练使用超级推荐工具进行推广。
- 掌握商务数据收集的操作流程。

引导案例

安克的品牌出海

安克创新科技股份有限公司（以下简称“安克创新”）成立于2011年，总部位于湖南省长沙市。该公司的主要业务为消费电子产品智能配件的设计、研发和销售，主要销售渠道为亚马逊（Amazon）、易贝（eBay）等海内外线上平台及沃尔玛（Walmart）、百思买（BestBuy）等线下连锁零售门店。

1. 基本情况

安克创新致力于在全球市场塑造中国消费电子品牌，通过不断创新，将富有科技魅力的产品带向全球消费者，弘扬中国智造之美。它曾成功打造智能充电品牌Anker，相继推出Eufy、Roav、Soundcore、Nebula等智能硬件品牌，并在智能充电、智能家居、智能安防、智能语音等领域有出色表现。

安克创新曾连续三年进入BrandZ™“中国出海品牌50强”榜前十强，获得过亚马逊全球颁发的“杰出中国制造奖”。安克创新独创PowerIQ智速充技术，开创了第三方充电产品同时适配多种手机、平板、笔记本电脑等电子设备并提供快速、安全充电的服务。

2. 运营特色

（1）精准定位产品，打造自有品牌

国内行业起步之初以买手模式为主，普遍通过电商平台销售无品牌的低价商品，导致“制造”在海外被冠上“低质低价”的标签。在手机配件行业，用户购买时习惯性地选择原装配件或老牌产品，这些产品的价格往往在100美元以上。此时，大量低价的配件产品因质量没有保障而无法打开市场。

基于此，安克创新创立自主中高端品牌Anker，定位在价格适中、质量可靠的智能硬件产品，靠性价比吸引消费者，并通过跨境电子商务平台销售的同时培育品牌知名度。为通过产品品质树立品牌形象，安克创新选择了具备高增长空间的细分品类起步，做精充电类几十款产品的品质和功能，并通过自建团队为消费者提供18个月的保障，以提供更优的产品服务和用户体验。

2017年，Anker品牌产品在全球范围内售出近4000万件，销售额超过30亿元人民币。如今已稳居美国、日本、欧洲多国线上移动智能配件销量第一，被出售到全球30多个国家和地区。

（2）坚持研发创新，提升用户体验

为了将产品核心竞争力最大化，安克创新大力度投入研发团队建设，通过产品的持续创新提升用户体验。

安克创新设立了产品研发中心（productor development centor，PDC），将企业的大部分利润投入研发创新，经过五年的研发投入和培养，研发团队人员已超过500人，占总员工数的52.41%。2017年，研发投入达1.93亿元，占营收的5%。此外，安克创新在智能音箱领域与Google Assistant、Amazon Alexa、DuerOS等全球知名的智能语音平台展开合作，2017年实现创新类产品营收10.79亿元，同比增长235.35%。

为提高用户体验，安克创新根据海外网站的用户评论，针对用户的不同需求进行产品改进升级，必要时会和海外核心用户进行讨论，听取意见后，确定产品在硬件设计、软件设计及交互等方面的细节。例如，安克创新通过实地用户调研，了解到用户在车内环境对通信、娱乐、导航的需求，与亚马逊的Alexa团队一起合作，设计研发智能车载充电器Roav Viva，实现了Alexa通信功能，成为亚马逊平台销售量第一的车载智能语音设备。

（3）线上线下双向拓展，布局全渠道销售

安克创新创立之初主要基于亚马逊平台拓展市场，随即在eBay等全球八大主力跨境电子商务平台开设了站点，多平台开拓线上渠道。同时，安克创新自主运营Anker品牌全球官网，支持八种语言访问，目前拥有超过700万注册用户，日均访问量30万，访问用户来自200多个国家。

2015年，安克创新开始在东南亚等地区进行线下渠道推广，在迪拜当地设立了办事处。2016年，安克创新产品顺利入驻美国市场600多家百思买门店和3000多家沃尔玛门店。2017年，安克创新的线下业务比例从20%提升至27%；2019年10月，“2019福布斯中国AIoT百强企业”评选在2019全球智能化商业峰会秋季场现场发布，安克创新上榜，旗下品牌Anker入选“国际智能品牌”。在管理上，安克创新针对不同地区市场建立独立的渠道管理团队，对产品选择、价格、推广及售后服务根据当地市场特点进行优化，满足不同地区消费者的差异化需求，提高用户口碑。

2021年上半年，安克创新线上收入35.03亿元，占比65.52%，线下渠道收入18.43亿元，占比34.48%。线上线下渠道的协同发展，正成为安克创新品牌在全球成长的重要推力。

（资料来源：佚名，2021. 安克创新：实践网络原生品牌跨境电商出海路径[EB/OL]. [2021-12-27]. http://dzsws.mofcom.gov.cn/anli18/detal_5.html.）

思考：

1）你所了解的国内企业在转型升级中产品品牌的提升情况如何？

2）如何做好品牌营销？

理论知识

一、直通车推广

淘宝直通车推广在给产品带来曝光的同时，其精准的搜索匹配也给产品带来了精准的潜在买家。买家通过点击淘宝直通车推广位上的产品图片，就可以进入店铺，产生一次甚至多次的店铺内跳转流量，这种以点带面的关联效应可以降低整体推广的成本和提高整个店铺的关联营销效果。同时，淘宝直通车还给用户提供了淘宝首页热卖单品活动和各频道的热卖单品活动，以及不定期的淘宝各类资源整合的直通车用户专享活动。

1. 直通车的原理

淘宝直通车的原理是通过设置推广关键词来获得流量，属于按点击扣费的一种推广方式。具体内容如下。

1）推广某个产品，就为该产品设置相应的关键词及产品标题。

2）当买家在淘宝网通过输入关键词搜索产品，或按照产品分类进行搜索时，就会展现推广中的产品。

3）如果买家通过关键词或产品分类搜索后，在直通车推广位点击产品图片，系统就会根据该产品所设定的关键词或类目的出价进行扣费。

2. 直通车的作用

淘宝直通车能给单个产品及整个店铺带来流量，提高产品和店铺的曝光率。这主要体现在以下几个方面。

1）在直通车中推广的产品，当买家搜索与此产品相关的关键词时就有机会被展示，大大提高了产品的曝光率，给卖家带来更多的潜在顾客。

2）只有想买这种产品的人才能看到相应的产品，给卖家带来的点击都是有购买意向的点击，带来的顾客都是购买意向明确的买家。

3）直通车能给卖家整个店铺带来人气，虽然推广的是单个产品，但很多买家会进入店铺，一个点击带来的可能是几个成交。这种整体的连锁反应是直通车推广的最大优势，久而久之，店铺的人气自然会提高。

4）可以参加更多的淘宝促销活动，有不定期的直通车用户专享活动及淘宝单品促销活动，加入直通车后，可以报名参加各种促销活动。

3. 直通车的扣费

当买家搜索一个关键词时，设置了该关键词的产品就会在淘宝直通车的展示位上出现。只有买家点击了推广的产品，才会进行扣费，扣费小于或等于关键词出价。产品若只是展示，未被点击，则不计费。

4. 适合做直通车的产品

选择做直通车推广的产品最好是店铺中综合质量较高的产品，主要体现在以下几个方面。

1）图片背景清晰，产品突出。

2）产品价格有竞争优势。

3）有售出记录。

4）产品详情丰富。

5）多选择不同类目产品。

5. 直通车的展示位置

直通车的展示位置根据匹配技术和展现资源的不同，分为直通车搜索推广展示位、直通车定向推广展示位、直通车活动推广展示位等。

（1）直通车搜索推广展示位

直通车搜索推广展示位在搜索结果页面的最右侧16个位置和最下方5个推广位置，显示为“掌柜热卖”。打开淘宝首页，在搜索框中输入要搜索的关键词，单击“搜索”按钮。如图5.1和图5.2所示分别为搜索“温州杨梅”后搜索页右侧和底部直通车展示位。

图5.1 搜索页右侧直通车展示位（圈中显示）

图 5.2 搜索页底部直通车展示位（圈中显示）

（2）直通车定向推广展示位

直通车定向推广展示位在旺旺的“每日焦点”、我的淘宝中的“已买到的宝贝”等位置。如图 5.3 所示为买家版旺旺“每日焦点”定向推广位。

图 5.3 买家版旺旺“每日焦点”定向推广位

如图 5.4 所示为“已买到的宝贝”底部定向推广位。

图 5.4 “已买到的宝贝”底部定向推广位

（3）直通车活动推广展示位

直通车活动推广展示位在淘宝首页和各频道最底部位置，显示为“热卖单品”。如图 5.5 所示为淘宝首页底部热卖区域活动推广展示位。

图 5.5 热卖区域活动推广展示位

6. 直通车推广计划

（1）标准推广

标准推广是指应用得最多的关键词推广，是目前直通车应用较广泛、效果较好的推广方式。

1）创建推广计划。新建推广计划，选择标准推广，设置计划名称、日限额、投放方式，如图 5.6 所示。

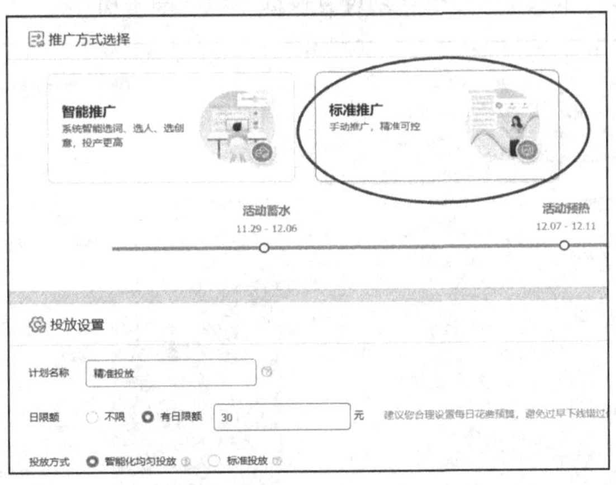

图 5.6 新建标准计划

在高级设置中，设置“投放位置/地域/时间”，如图 5.7～图 5.9 所示。

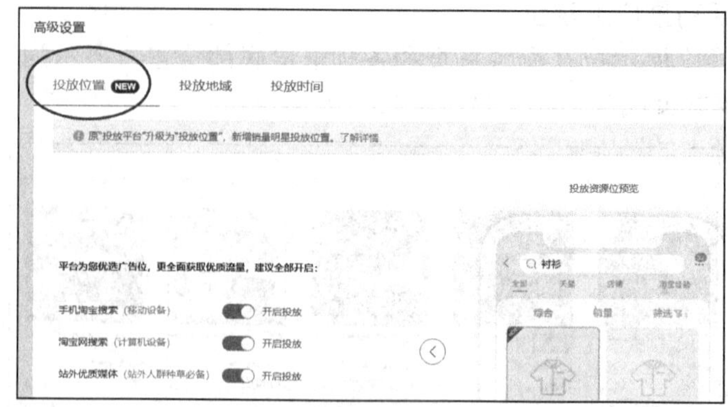

图 5.7　标准计划设置投放位置（圈中所示）

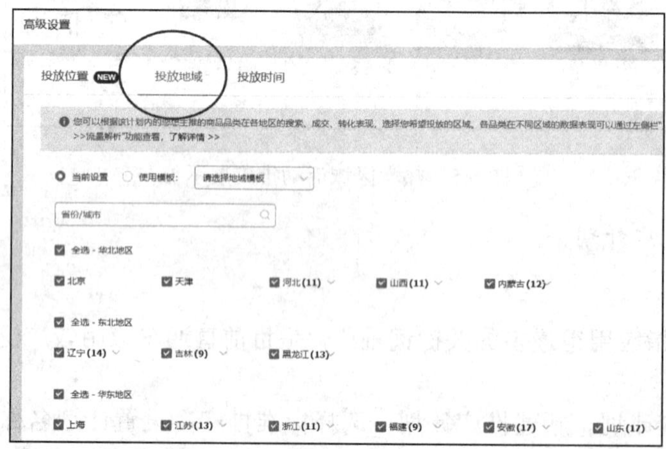

图 5.8　标准计划设置投放地域（圈中所示）

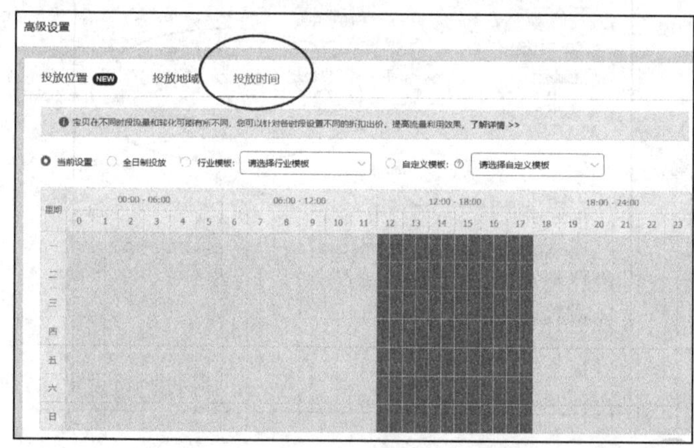

图 5.9　标准计划设置投放时间（圈中所示）

2）选择产品。新建推广计划，可以直接添加宝贝，与已有的推广计划、新建推广宝贝一致。单击“添加宝贝”按钮，即可选择欲推广的宝贝，如图 5.10 所示。

添加宝贝后，创意默认使用主图，可以在新建完成后在创意板块中进行更换设置，如图 5.11 所示。

图 5.10　新建推广宝贝单元设置“添加宝贝”

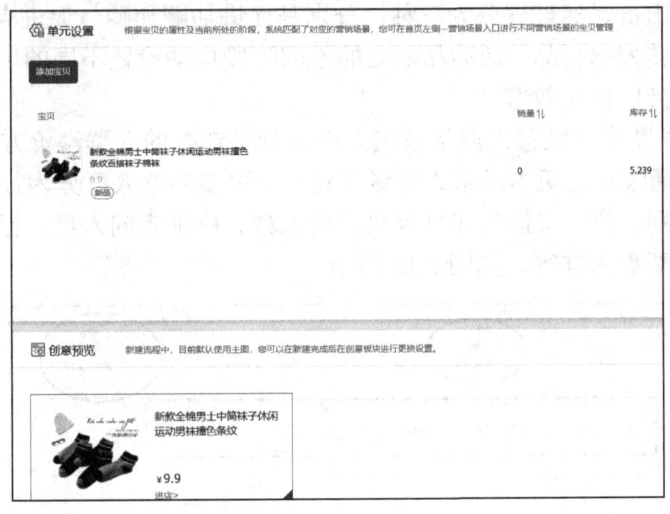

图 5.11　添加宝贝后自动生成创意

如果开启智能创意，还可以添加宝贝相关的热门点击词、市场趋势词来匹配消费者的诉求。填写好后（或不填写），单击“进一步添加关键词和人群”按钮。

3）选择关键词，出价和改价，选择匹配方式，设置智能出价的出价目标及出价自动流转，如图 5.12 所示。

可以使用推荐关键词，也可以在更多关键词中进行选择/增加，还可以使用数据魔方，对与产品相关的热门关键词、转化率高的关键词进行研究，形成对店铺、产品合适的关键词发展、推广策略。

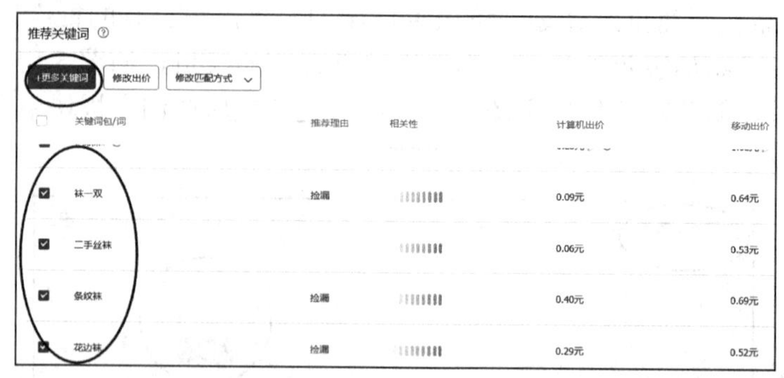

图 5.12　关键词的选择、出价和改价、匹配方式选择等

系统会对关键词给出出价参考，批量修改出价可以修改计算机出价和移动出价。

匹配方式分为广泛匹配和精确匹配。一般而言，精确匹配流量低，转化率高；广泛匹配可以为卖家的推广带来更多的曝光机会，可根据行业、产品的特点、包含的关键词密度进行选择。一般使用广泛匹配。

智能出价的出价目标设置分为三种，分别是促进加藏加购、促进点击、促进成交。

出价自动流转根据新品、活动品所处的不同阶段自动设置不同的出价目标，以提升商家新品、货品推广优化效率。

4）推荐人群设置。推荐人群是系统为产品量身定制的人群溢价方案，可以手动进行增删，也可以通过点击更多精选人群进行选择。更多精选人群分为行业人群榜单和自定义添加两个类别。自定义添加包括宝贝定向人群、店铺定向人群、行业定向人群、基础属性人群、达摩盘人群等，如图 5.13 所示。

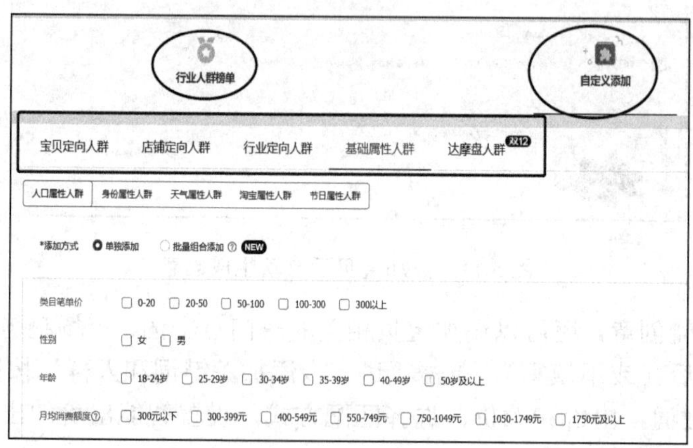

图 5.13　添加访客人群

设置完成后，单击“完成推广”按钮，推广计划单元就完成了。可以新建推广计划，或者在此计划中添加新的推广单元/宝贝。

（2）智能推广

智能推广是直通车为用户提供的智能化托管的功能，用户只需要进行简单的计划设置，即可开始直通车推广。系统将根据用户选择的产品或者趋势词包，智能匹配高品质流量。可以选择的营销目标有日常销售、趋势明星、活动引流、周期精准投和均匀测款等，如图 5.14 所示。

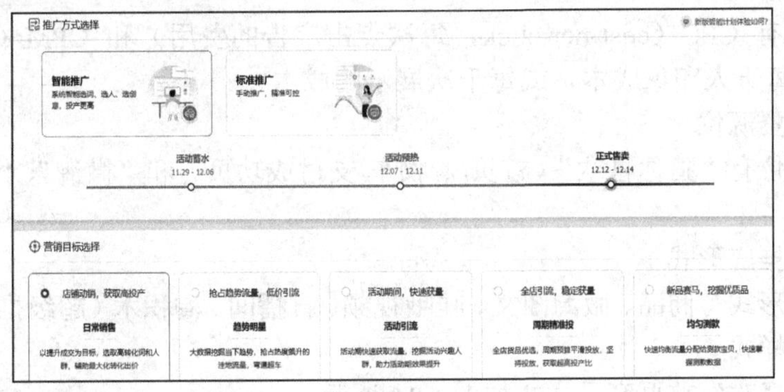

图 5.14　直通车“智能推广”页面

（3）趋势明星和直播推广

除了标准推广和智能推广，推广计划还有趋势明星和直播推广，在直通车推广计划页面左侧功能栏中可以单击选择。

直通车搜索提供海量用户输送，配合直播黄金时间段，帮助产品在短时间内快速增加直播观看人数；智能识别直播偏好人群，加快店铺“粉丝”累积，迅速触达精准搜索购物意图下的消费者，结合直播推广全方位动态互动形式，充分展现产品卖点并配合权益，全力加速转化效率。直播推广单元设置：从已建好的标准推广计划中选择推广单元加入直播推广。需要注意的是，只有主播在直播间生成宝贝讲解看点，才会触发宝贝直播推广，如图 5.15 所示。

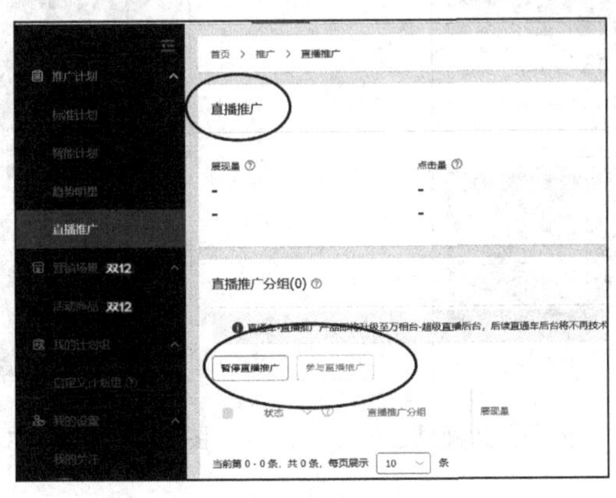

图 5.15　直播推广

二、超级推荐推广

1. 超级推荐概述

超级推荐是在手淘“猜你喜欢”等推荐场景中穿插原生形式信息的推广。

（1）收费模式

收费模式有 CPC（cost-per-click，每次点击广告的费用）和 CPM（cost per 1000 impressions，每千人印象成本，或每千次展示的成本）。

（2）核心资源位

核心资源位有“猜你喜欢”（首页/购物车/支付成功页）和“微淘”、“有好货”、“淘宝直播”。

（3）支持推广形式

支持推广形式有商品、微淘图文、哇哦视频、直播间、淘积木（超级推荐专属模板）。

（4）展现样式

1）“猜你喜欢”首页商品样式如图 5.16 所示。

2）“猜你喜欢”首页内容样式如图 5.17 所示。

图 5.16 “猜你喜欢”首页商品样式

图 5.17 “猜你喜欢”首页内容样式

3）“逛逛”首页内容样式如图 5.18 所示。

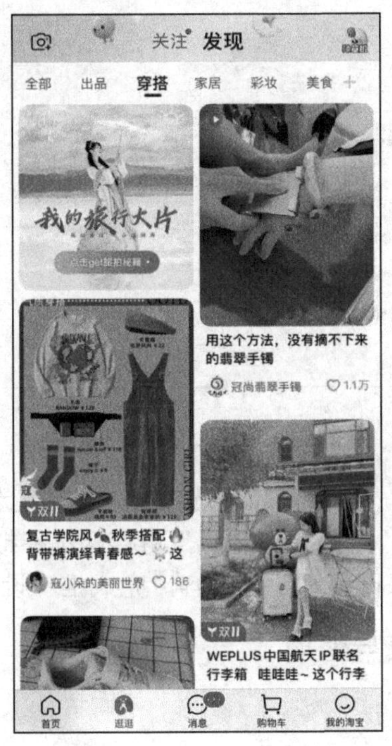

图 5.18 “逛逛”首页内容样式

2. 超级推荐的优势

1）全场景覆盖。覆盖超过 7 亿用户，囊括手淘核心推荐渠道，如“猜你喜欢”（首页/购物车/支付成功页）、“微淘”、“淘宝直播”、“有好货”，迎合消费者“逛“的需求，引爆在推荐场景中的流量。

2）多创意沟通。支持商品、图文、短视频、直播间、淘积木等多种创意形式，以更丰富的形式与消费者进行沟通。

3）数据技术驱动基于阿里巴巴大数据推荐算法，赋能全方位定向体系，从商品、店铺、类目、内容、“粉丝”等多维度，帮助商家精准找到潜在消费者。

4）多维度价值。超级推荐摆脱了原有的单一成交价值体系，从消费者运营视角出发，提供消费者流转、“粉丝”流转价值，突出消费者生命周期价值（life time value，LTV），全面呈现推广价值，帮助商家实现品牌人群增长。

3. 超级推荐推广设置

1）进入“千牛卖家中心”页面，单击“推广”—“超级推荐”链接，进入设置页面，如图 5.19 所示。

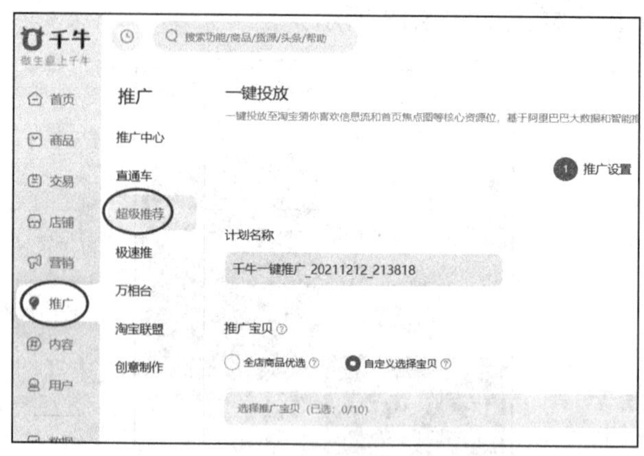

图 5.19　超级推荐设置页面

2）推广宝贝。可以选中“全店商品优选”或“自定义选择宝贝”单选按钮。以“自定义选择宝贝”为例，单击“选择推广宝贝”链接，选择拟推广商品，单击“确定”按钮后，填写“目标出价”“每日预算”等内容，完成推广设置。

三、网络商务信息的收集与整理

1. 网络商务信息基础知识

（1）网络商务信息的概念

网络商务信息限定了商务信息传递的媒体和途径。只有通过计算机网络传递的商务信息，包括文字、数据、表格、图形、影像、声音及内容能够被人或计算机感知的符号系统，才属于网络商务信息的范畴。

网络商务信息检索是指在网络上对商务信息的寻找和调取工作。这是一种有目的、有步骤地从各网络站点查找和获取信息的行为。

（2）网络商务信息的特点

1）时效性强。传统的商务信息的传递速度慢、传递渠道有一定的局限性，经常导致“信息获得了但也失效了”的局面。网络商务信息则可有效地避免这种情况。由于网络信息更新及时、传递速度快，只要信息收集者及时发现信息，就可以保证信息的时效性。

2）准确性高。网络信息的收集绝大部分是通过搜索引擎找到信息发布源获得的。在这个过程中，可减少信息传递的中间环节，从而减少信息的误传和更改，有效地保证信息的准确性。

3）便于存储。网络商务信息可以方便地从 internet 下载到计算机上，通过计算机进行信息的管理。而且在原有的各个网站上也有相应的信息存储系统。即使个人的信息资料遗失，也可以到原有的信息源中再次查找。

4）检索难度大。虽然网络系统提供了许多检索方法，但全球范围的海量信息常常把企业营销人员淹没在信息海洋或者说信息垃圾之中。在浩瀚的网络信息资源中，迅速地找到自己所需要的信息，经过加工、筛选和整理，把反映商务活动本质的、有用的、适合本企业情况的信息提炼出来，需要一定的能力和方法。

（3）网络商务信息收集的要求

网络营销对网络商务信息收集的要求是及时、准确、适度和经济。

1）及时。及时就是要迅速、灵敏地反映销售市场发展各方面的最新动态。信息具有时效性，其价值与时间成反比。及时性要求信息流与物流尽可能同步。信息的识别、记录、传递、反馈要花费一定的时间，因此，在信息流与物流之间一般会存在时滞。尽可能地减少信息流滞后于物流的时间、提高时效性，是网络商务信息收集的主要目标之一。

2）准确。准确是指信息应真实地反映客观现实，失真度小。在网络营销中，由于买卖双方不直接见面，准确的信息就显得尤为重要。掌握准确的信息才可能进行正确的市场决策。信息失真，轻则贻误商机，重则造成重大的经济损失。信息的失真通常有三个方面的原因：一是信源提供的信息不完整、不准确；二是信息在编码、译码和传递过程中受到干扰；三是信宿（信箱）接受信息出现偏差。为减少网络商务信息的失真，必须在上述三个环节上提高管理水平。

3）适度。适度是指提供信息要有针对性和目的性，不要无的放矢。没有信息，企业的营销活动就会处于一种盲目的状态。信息过多、过滥，也会使营销人员无所适从。在当今信息时代，信息量越来越大，范围越来越广，不同的管理层次对信息提出不同的要求。在这种情况下，网络商务信息的检索不仅要目标明确、方法恰当，而且信息收集的范围和数量也要适度。

4）经济。经济是指如何以最低的费用获得必要的信息。追求经济效益是一切经济活动的中心，也是网络商务信息检索的原则。信息的及时性、准确性和适度性都要求建立在经济性基础之上。此外，提高经济性还要注意使所获得的信息发挥最大的效用。

（4）网络商务信息收集的分级

不同的网络商务信息对不同用户的使用价值（效用）不同，从网络商务信息本身所具有的总体价格水平来看，可以将它粗略地分为四个等级。

1）免费的商务信息。这些信息主要是社会公益性的信息，大约占信息库数据量的5%。这类信息主要是一些信息服务商为了扩大自身的影响力，从产生的社会效益上得到回报而推出的一些方便用户的信息，如在线免费软件、实时股市信息等。

2）收取较低费用的信息。这些信息属于一般性的普通类信息。这类信息的采集、加工、整理、更新比较容易，花费也较少，是较为大众化的信息。这类信息占信息库数据量的10%～20%，只收取基本的服务费用，不追求利润，如一般性文章的全文检索信息等。信息服务商推出这类信息主要是为了提高市场的竞争力和占有率。

3）收取标准信息费的信息。这类信息属于知识、经济类信息，收费采用成本加利润的资费标准。此类信息的采集、加工、整理、更新等比较复杂，要花费一定的费用；同时，信息的使用价值较高，提供的服务层次较深。这类信息约占信息库数据量的60%，是信息服务商的主要服务范围。网络商务信息大部分属于这一范畴。

4）优质优价的信息。这类信息是有极高使用价值的专用信息，如重要的市场走向分析、网络畅销商品的情况调查、新产品新技术信息、专利技术及其他独特的专门性信息等。它是信息库中成本费用最高的一类信息，可为用户提供更深层次的服务。

2. 网络商务信息收集的方法

（1）利用搜索引擎收集商务信息

1）搜索引擎的概念。搜索引擎是指根据一定的策略、运用特定的计算机程序从互联网上搜集信息，在对信息进行组织和处理后，为用户提供检索服务，将用户检索相关的信息展示给用户的系统。它包括信息搜集、信息整理和用户查询三部分。

2）搜索引擎的分类。搜索引擎按其工作方式主要可分为三类：全文搜索引擎、目录索引类搜索引擎和元搜索引擎。另外，还有几种非主流形式的搜索引擎，如垂直搜索引擎、集合式搜索引擎、门户搜索引擎、免费链接列表等。

① 全文搜索引擎。全文搜索引擎是名副其实的搜索引擎，如百度。这类搜索引擎从互联网提取各网站的信息（以网页文字为主），建立起数据库，并能检索与用户查询条件相匹配的记录，按一定的排列顺序将结果返回给用户。

根据搜索结果来源，全文搜索引擎可分为两类：一类是拥有自己的检索程序，俗称“蜘蛛”（spider）程序或“机器人”（robot）程序，能自建网页数据库，搜索结果直接从自身的数据库中调用，如百度；另一类是租用其他搜索引擎的数据库，并按自定的格式排列搜索结果，如 Lycos 搜索引擎。

② 目录索引类搜索引擎。目录索引类搜索引擎虽然有搜索功能，但不能称为严格意义上的搜索引擎，只是按目录分类的网站链接列表而已。用户完全可以按照分类目录找到所需要的信息，不依靠关键词进行查询。目录索引中最具代表性的有 Yahoo、新浪分类目录搜索。

③ 元搜索引擎。元搜索引擎接受用户查询请求后，同时在多个搜索引擎上搜索，并将结果返回给用户。具代表性的元搜索引擎有 InfoSpace、Dogpile、Vivisimo 等，中文元搜索引擎中具代表性的是搜星搜索引擎。在搜索结果排列方面，有的直接按来源引擎排列搜索结果，如 Dogpile；有的则按自定的规则将结果重新排列组合，如 Vivisimo。

④ 垂直搜索引擎。垂直搜索引擎为 2006 年以后逐步兴起的一类搜索引擎。不同于通用的网页搜索引擎，垂直搜索专注于特定的搜索领域和搜索需求（如机票搜索、旅游搜索、生活搜索、小说搜索、视频搜索等），在其特定的搜索领域有更好的用户体验。相比通用搜索动辄数千台检索服务器，垂直搜索需要的硬件成本低、用户需求特定、查询的方式多样。

⑤ 集合式搜索引擎。集合式搜索引擎类似元搜索引擎，其区别在于它并非同时调用多个搜索引擎进行搜索，而是由用户从提供的若干搜索引擎中选择，如 HotBot 在 2002 年年底推出的搜索引擎。

⑥ 门户搜索引擎。AOLSearch、MSNSearch 等虽然提供搜索服务，但自身既没有分类目录也没有网页数据库，其搜索结果完全来自其他搜索引擎。

⑦ 免费链接列表。免费链接列表一般只有简单的滚动链接条目，少部分有简单的分类目录，不过其规模要比 Yahoo 等目录索引小很多。

3）搜索引擎的基本工作原理。

① 全文搜索引擎的工作原理。

在搜索引擎分类部分提到过全文搜索引擎从网站提取信息建立网页数据库的概念。搜索引擎的自动信息搜集功能分为两种：一种是定期搜索，即每隔一段时间，搜索引擎主动派出“蜘蛛”程序，对一定 IP 地址范围内的互联网站进行检索，一旦发现新的网站，就会自动提取网站的信息和网址加入自己的数据库；另一种是提交网站搜索，即网站拥有者主动向搜索引擎提交网址，它在一定时间内（两天到数月不等）定向向网站派出“蜘蛛”程序，扫描该网站并将有关信息存入数据库，以备用户查询。近年来搜索引擎索引规则发生了很大变化，主动提交网址并不保证网站能进入搜索引擎数据库，因此，目前最好的办法是多获得一些外部链接，让搜索引擎有更多机会找到网站并自动收录网站。

当用户以关键词查找信息时，搜索引擎会在数据库中进行搜寻，如果找到与用户要求内容相符的网站，便采用特殊的算法，即通常根据网页中关键词的匹配程度、出现的位置、频次、链接质量等，计算各网页的相关度及排名等级，然后根据关联度高低，按顺序将这些网页链接返回给用户。

② 目录索引类搜索引擎的工作原理。

与全文搜索引擎相比，目录索引类搜索引擎有许多不同之处。

首先，全文搜索引擎属于自动网站检索，而目录索引类搜索引擎完全依赖手工操作。用户提交网站后，目录编辑人员会亲自浏览网站，然后根据一套自定的评判标准甚至编辑人员的主观印象，决定是否接纳该网站。其次，全文搜索引擎登录网站时，只要网站本身没有违反有关规则，一般都能登录成功。目录索引类搜索引擎对网站的要求则高得多，有时即使登录多次也不一定成功。尤其像 Yahoo 这样的超级索引，登录更是困难。此外，在登录搜索引擎时，一般不用考虑网站的分类问题，而登录目录索引类搜索引擎时必须将网站放在一个最合适的目录中。最后，全文搜索引擎中各网站的有关信息都是从用户网页中自动提取的，所以从用户的角度看，用户拥有更多的自主权；而目录索引类搜索引擎则要求必须手工填写网站信息，而且有各种各样的限制。甚至如果工作人员认为提交网站的目录、网站信息不合适，他可以随时凭主观意愿对其进行调整。

目录索引，顾名思义，就是将网站分门别类地存放在相应的目录中。因此，用户在查询信息时，可选择关键词搜索，也可按分类目录逐层查找。如果以关键词搜索，返回的结果与搜索引擎一样，也是根据信息关联程度排列网站，只不过其中人为因素要多一些。如果按分层目录查找，某一目录中网站的排名则由标题字母的先后顺序决定（也有例外）。

目前，全文搜索引擎与目录索引类搜索引擎有相互融合渗透的趋势。原来一些纯粹的全文搜索引擎现在也提供目录搜索功能。像 Yahoo 这些老牌目录索引类搜索引擎则通过与其他搜索引擎合作扩大搜索范围。在默认搜索模式下，一些目录索引类搜索引擎首先返回的是自己目录中匹配的网站，如搜狐、新浪、网易等，而另外一些则默认的是网页搜索，如 Yahoo。

（2）利用电子邮件收集商务信息

电子邮件是 internet 上最常使用的工具之一，它不仅费用低廉，而且使用方便快捷，深受用户的欢迎。许多网络内容服务商（internet content provider，ICP）、传统的媒体公司和企业为保持与用户的沟通，也定期给公司用户发送电子邮件（E-mail），发布公司的最新动态和有关产品服务信息。E-mail 是快捷、有效的信息收集渠道，信息收集者只需在有关网站注册，便可接收 E-mail 信息。

（3）利用 BBS 收集商务信息

BBS（bulletin board system，电子公告板系统，也称电子公告栏）是 internet 上出现比较早的网上交流方式。internet 上大多数公告栏查询信息是免费的，且一般不用注册即可直接查询。利用 BBS 收集资料主要是到与主题相关的 BBS 网站了解情况。例如，美国微软公司为了了解与其操作系统 Windows 竞争的产品 Linux 的发展情况，曾经一个月内就访问了有关 Linux 的 BBS 网站达 15 000 多次，成为访问次数最多的访问者。

在 BBS 中，一般按照文章主题和作者姓名来查找文章。操作时在“主题”和“作者”搜索框中输入要查找的内容，然后单击“提交”按钮即可显示包含指定主题和作者的文章。

（4）利用新闻组收集商务信息

新闻组（usenet 或 news group），简单地说，就是一个基于网络的计算机组合。这些计算机被称为新闻服务器。不同的用户通过一些软件可连接到新闻服务器上，阅读其他人的消息并参与讨论。新闻组是一个完全交互式的超级电子论坛，是任何网络用户之间都能进行相互交流的工具。

新闻组作为一种高效而实用的工具，具有主题鲜明、信息量大、直接交互性强和全球互联性强等多方面的特点。它的信息内容广泛，并可以精确地按兴趣爱好及类别对使用者进行分类。其中包含的各种不同类别的主题已经涵盖了人类社会所能涉及的所有内容，包括科学技术、人文社会、历史地理、休闲娱乐等。新闻组的使用者可以从中获得免费的信息，并可以互相交换。

3. 网络市场调研

（1）网络市场调研的定义

网络市场调研是指以科学的方法，借助互联网，系统地、有目的地收集、整理、分析和研究所有与市场有关的信息，特别是有关消费者的需求、购买动机和购买行为等方面的市场信息，从而把握市场现状和发展态势，有针对性地制定营销策略，取得良好的营销效益。

（2）网络市场调研的特点

网络市场调研可以充分利用 internet 的开放性、自由性、平等性、广泛性和直接性等特点来开展。它具有以下特点。

1）网络信息的及时性和共享性。网络的传输速度非常快，网络信息能迅速传递给上网的任何用户；网上调查是开放的，任何互联网用户都可以参加投票和查看结果。这保证了网络信息的及时性和共享性。

2）网络调研的便捷性与低费用。网络调研可节省传统调研中所耗费的大量人力和物力。在网络上进行调研，只需要一台能上网的计算机即可。调研者在企业站点上发出电子调研问卷，网民自愿填写，然后通过统计分析软件对访问者反馈回来的信息进行整理和分析。

3）网络调研的交互性和充分性。进行网络调研时，被调研者可以及时就与问卷相关的问题提出更多的看法和建议，可减少因问卷设计的不合理而导致的调研结论偏差等问题。同时，被调研者也可以自由地在网上发表自己的见解，没有时空限制的问题。

4）调研结果的可靠性和客观性。由于公司站点的访问者一般对公司产品有一定的兴趣，所以这种基于顾客和潜在顾客的市场调研结果是客观和真实的，它在很大程度上反映了消费者的消费心态和市场发展的趋向。首先，被调研者是在完全自愿的原则下参与的，调研的针对性更强；其次，调研问卷的填写是自愿的，不是传统调研中的“强迫式”，填写者一般对调研内容有一定兴趣，回答问题相对认真，所以问卷可靠性高；最后，网络调研可以避免传统调研中的人为错误（如访问员缺乏技巧、诱导回答问卷问题）所导致的调研结论的偏差，被调研者是在完全独立思考的环境下接受调研的，不会受到调研员及其他外在因素的误导和干预，能最大限度地保证调研结果的客观性。

5）网络调研无时空、地域限制。网络市场调研可以 24 小时全天候进行，这与受区域制约和时间制约的传统调研方式有很大的不同。

6）网络调研的可检验性和可控制性。利用 internet 进行网络调研收集信息，可以有效地对采集的信息的质量实施系统的检验和控制。这是因为：第一，网络调研问卷可以附加全面规范的指标解释，有利于消除因对指标理解不清或调研员解释口径不一而造成的调研偏差；第二，问卷的复核检验由计算机依据设定的检验条件和控制措施自动实施，可以有效地保证对调研问卷 100%的复核检验，保证检验与控制的客观公正；第三，对被调研者的身份验证技术可以有效地防止信息采集过程中的舞弊行为。

（3）网络市场调研的方法

1）网络市场直接调研。网络市场直接调研是指为当前特定目的在 internet 上收集一手资料或原始信息的过程。调研过程中具体采用哪一种方法，要根据实际目标和需要而定。需要注意的是，网络市场调研应注意遵循网络规范和礼仪。

① 专题讨论法。专题讨论可通过新闻组、BBS 或邮件列表（mailing lists）讨论组

等进行。在站点上提供交互功能，让用户直接发表意见是一种较好的调研方式。

② 在线问卷法。在线问卷法即请求浏览其网站的每个人参与企业的各种调研活动。

③ E-mail 问卷法。将调研问卷制成一份简单的 E-mail，并按照已知的 E-mail 地址发出。

2）网络市场间接调研。网络市场间接调研是指收集网上的二手资料。二手资料的来源有很多，如政府出版物、公共图书馆、大学图书馆、贸易协会、市场调研公司、广告代理公司和媒体、专业团体等。其中，许多单位和机构已在 internet 上建立了自己的网站，各种各样的信息都可通过访问其网站获得，加上众多综合型 ICP 和专业型 ICP，以及成千上万个搜索引擎网站，使得从 internet 上收集二手资料非常方便。

internet 上虽然有大量的二手资料，但要找到自己需要的信息，首先必须熟悉搜索引擎的使用，其次要掌握专题性网络信息资源的分布。从 internet 上查找资料主要通过以下三种方法。

① 利用搜索引擎查找资料。搜索引擎是 internet 上使用最普遍的网络信息检索工具。在 internet 上，可以通过搜索引擎检索任何信息。

② 访问相关网站收集资料。如果知道某一专题信息主要集中在哪些网站，就可直接访问这些网站，获得所需资料。与传统媒体的经济信息相比，网上市场行情一般数据全、实时性强。

③ 利用相关网上数据库查找资料。在 internet 上，除了借助搜索引擎和直接访问相关网站收集市场二手资料外，还有一种方法就是利用相关的网上数据库（即 Web 版的数据库），如 MEDLINE（Medicine Online）、CA（Chemical Abstracts，化学文摘）等。

（4）网络市场调研应注意的问题

为提高网络市场调研的质量，对网络市场调研活动中的每个环节都要仔细考虑，特别应该做好以下四个方面的工作。

1）设计科学、合理的在线调研问卷，这样既便于被调研者填写问卷，也便于调研人员处理调研结果。应尽量减少无效问卷。

2）确定参与调研群体的代表性。网络调研结果不仅受样本量少的影响，也受样本分布不均匀的严重影响。

3）提高被调查者的参与性。例如，设置合理的奖项以吸引尽可能多的人参与调研，及时公布保护个人信息声明，等等。

4）采用多种网络调研手段。在线问卷调研是网络调研最基本的方式，但为提高调研结果的可靠性和有效性，调研者还应根据调研目的和预算采用其他网络调研方法作为有效补充。

实训任务

实训任务一 商务信息收集

(一) 任务目标

利用搜索引擎和购物平台收集商务信息。

(二) 任务内容

公司 A 是一家奶粉生产与销售公司，计划进军德国奶粉市场。王华是市场部的经理，当前他需要先了解德国奶粉市场中的品牌、规格和价格。请帮他完成表 5.1 的填写，其中产品品牌不少于 10 个。

为便于信息对比，表 5.1 中的“规格”栏统一采用“800 克，1 段奶粉”标准，部分产品可根据实际情况进行换算。

表 5.1 商务信息对比

序号	产品品牌	规格（800 克，1 段）	价格/欧元	信息来源
1				
2				
3				
4				
5				
6				
7				
8				
9				
10				

小提示

认真查阅任务内容，内容要求收集奶粉在德国市场的价格信息，并非德国奶粉在国内市场的价格信息，因此，需要在德国购物网站或搜索引擎中查找相关产品信息。

实训任务二　直通车推广设置

（一）任务目标

根据所学知识，完成个人店铺某款产品的直通车推广设置。

（二）任务实施

1）筛选符合直通车推广基本要求的产品。
2）设定直通车推广方式。
3）设置直通车推广日限额、时间段、区域等。
4）筛选推广关键词。
5）记录推广效果。

（三）完成实训记录表

完成实训任务，记录实训过程，将实训成果填入实训记录表（表 5.2），并填写实训反思。

表 5.2　实训记录表

班级		学号		姓名	
上课时间		实训任务名称			
实训记录					
实训反思					

项目六 电子支付与安全

学习目标

知识目标

- 掌握网上银行的特点及优势。
- 掌握网上银行的发展模式和主要业务。
- 掌握目前流行的电子支付的概念、类型和常用工具。
- 了解电子商务安全基本需求。

能力目标

- 学会网上银行的申请与使用。
- 学会支付宝与财付通等第三方支付工具的使用。
- 学会数字证书的使用。

引导案例

网络开店遇到诈骗

小王是某高校在读学生，本学期想借助互联网创业，于是选择淘宝网个人店铺入手。经过前期的学习，小王完成淘宝店铺注册、支付宝实名认证、店铺认证等环节，并成功开启个人店铺，完成店铺的装修和商品上传，开始期待买家的光临。

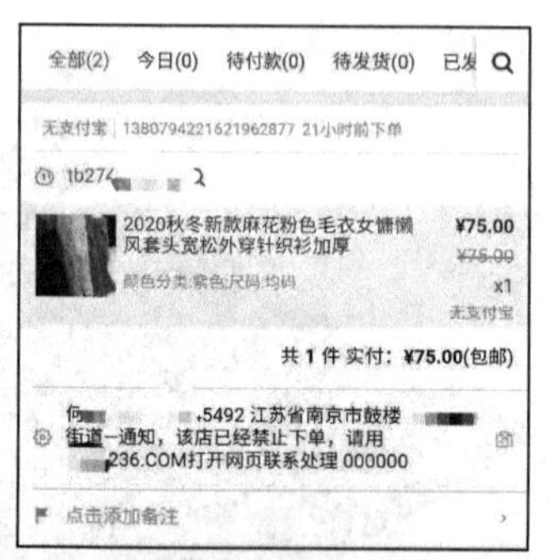

图 6.1 卖家系统后台收到的订单信息

有一天，旺旺里弹出一条信息，显示买家已拍下某款商品，小王激动不已，赶忙打开卖家系统后台查询订单信息，订单信息收货地址中却显示“该店已经禁止下单，请用×××.COM（某网站域名）打开网页联系处理”，如图 6.1 所示。出于迫切了解订单遇阻的原因，小王打开网站，按照网站提示进行操作，最终落入骗子的圈套，被骗了钱财。事后，小王在辅导员的指引下，向当地公安机关报案。

有了这次的教训后，小王提高了网络安全意识，加强网络安全学习，并总结了在淘宝开店中常见的几种诈骗消息。

1. 旺旺工具中收到的诈骗消息

旺旺工具是淘宝店铺官方的沟通平台，也是不法分子常用的诈骗渠道。不法分子通常利用旺旺工具冒充官网工作人员发送外部链接、二维码图片或引导网店客服添加其他平台聊天工具等引导和实施诈骗，如图 6.2 所示。

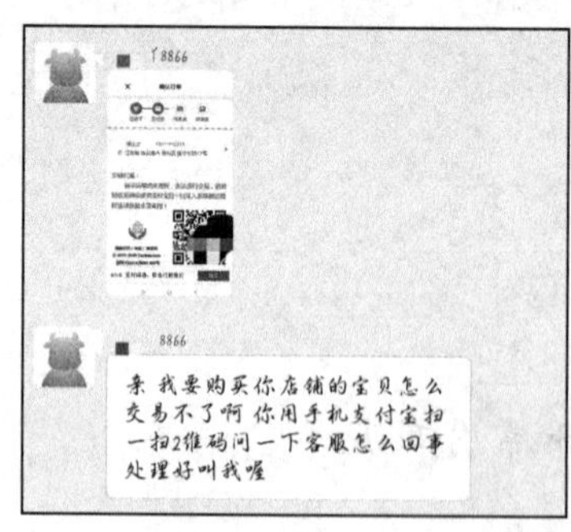

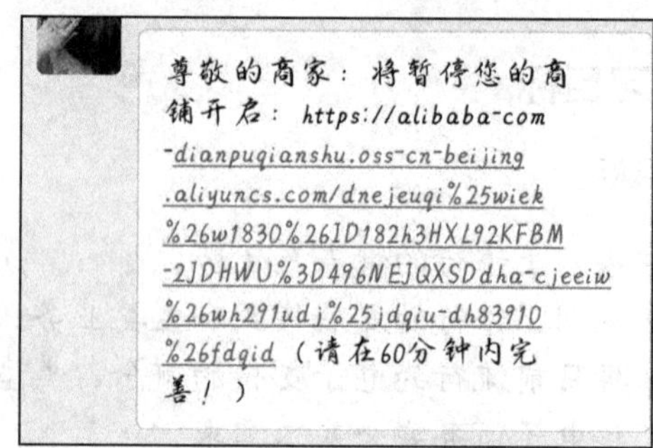

图 6.2 旺旺工具中收到的诈骗消息

2. 交易订单中的诈骗消息

不法分子在订单收货地址或者订单留言处填写钓鱼链接，商家点击网址将会跳转至该钓鱼网站，不法分子冒充平台客服，诱导商家扫码交保证金。

3. 手机短信收到的诈骗消息

为了更好地服务买家，部分卖家通常在淘宝店铺中填写个人联系方式，不法分子通过发短信息的方式发送诈骗消息，诱导卖家点击钓鱼链接或者扫描二维码等，如图 6.3 所示。

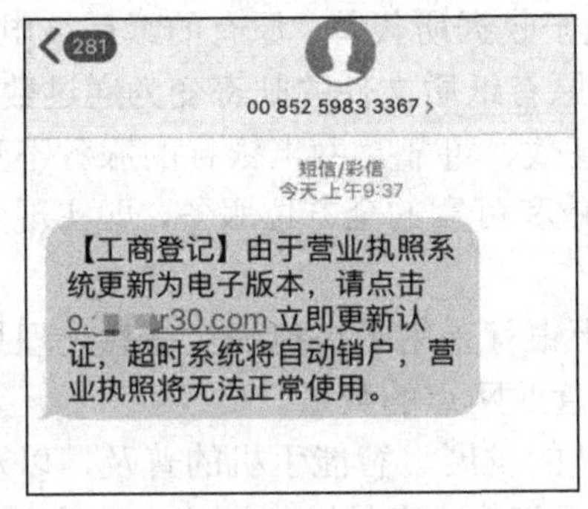

图 6.3　手机短信收到的诈骗消息

（资料来源：编者从淘宝网论坛和日常教学中收集的案例。）

思考：

1）淘宝网店铺保证金缴纳的正式渠道有哪些？

2）如何更好地提高网络安全意识？

理论知识

一、网上银行

1. 网上银行简介

网上银行是在 internet 上的虚拟银行柜台，又被称为“3A 银行”，因为它不受时间、空间限制，能够在任何时间（anytime）、任何地点（anywhere），以任何方式（anyway）为客户提供金融服务。

1995 年，世界上第一家新型网上银行——美国第一联合国家银行（First Union National Bank）成立。

1996 年，中国银行建立了自己的网站（www.bank-of-china.com），在国内金融业率先通过互联网提供银行服务。

1999 年 9 月，招商银行在国内首家全面启动的网上银行——“一网通”，无论是在技术性能上还是在业务量方面在国内同行业中都始终处于领先地位，被国内许多著名企业和电子商务网站列为首选或唯一的网上支付工具。

知识扩充 6-1

2. 网上银行的特点及优势

（1）网上银行的特点

网上银行与传统银行相比具有以下特点。

1）全面实现无纸化交易。以前使用的票据和单据大部分被电子支票、电子汇票和电子收据所代替；原有的纸币被电子货币，即电子现金、电子钱包、电子信用卡所代替；原有纸质文件的邮寄变为通过数据通信网络进行传送。

2）服务方便、快捷、高效、可靠。网上银行的服务不受时间、地域的限制，用户可以享受到方便、快捷、高效和可靠的全方位服务，即实现“3A”（anytime、anywhere、anyway）服务。

3）经营成本低廉。网上银行采用了虚拟现实信息处理技术，可以在保证原有的业务量不降低的前提下，减少营业网点的数量。

4）简单易用。随着科技的发展、智能手机的普及，以及移动网络的发展与应用，网上银行的操作界面逐渐趋于简化、容易操作，尤其是手机端网上银行已经成为广大网民的常备工具。银行的较多业务也可以通过互联网通信软件或者网上银行来办理，还可以利用在线客服及时解答或处理用户的疑问与困难。

（2）网上银行的优势

网络银行业务与传统银行业务相比具有以下优势。

1）降低银行经营成本。开办网上银行业务，主要利用公共网络资源，不需要设置物理的分支机构或营业网点，减少了人员费用，提高了银行后台系统的效率。

2）扩大客户群体。网上银行业务打破了传统银行业务的地域、时间限制，可以在任何时候、任何地方，以任何方式为客户提供金融服务，这既有利于吸引和保留优质客户，又能主动扩大客户群，开辟新的利润来源。

3）向客户提供多种类、个性化服务。由于一般的营业网点难以为客户提供详细的、低成本的信息咨询服务，通过银行营业网点销售保险、证券和基金等金融产品，往往受到很大限制。网上银行支付系统能够为客户提供更加合适的个性化金融服务，如客户咨询、购买和交易多种金融产品的需求，还可以方便客户进行网上买卖股票、债券等。

3. 网上银行的发展模式

网上银行的发展模式主要有以下两种。

1）完全依赖互联网的无形的电子银行，又被称为“虚拟银行”。虚拟银行就是指没有实际的物理柜台作为支持的网上银行，这种网上银行一般只有一个办公地址，没有分支机构，也没有营业网点，采用国际互联网等高科技服务手段与客户建立密切的联系，提供全方位的金融服务。

2）在现有的传统银行的基础上，利用互联网开展传统的银行业务交易服务。传统银行利用互联网作为新的服务手段为客户提供在线服务，实际上是传统银行服务在互联网上的延伸，这是目前网上银行存在的主要形式，也是绝大多数商业银行采取的网上银行发展模式。

4. 网上银行的主要业务

根据网上银行的服务对象，网上银行的主要业务分为个人网上银行业务和企业网上银行业务。其中，个人网上银行业务主要包括账户余额查询、账户明细查询、账户密码修改、网上临时挂失、内部转账、支付转账、网上缴费等，同时提供方便的网上交易流水查询、网上缴费查询、收款人信息管理、银证转账、网上汇款、网上质押贷款、银证通（银行卡炒股）、外汇实盘买卖、开放式基金、国债买卖等业务。企业网上银行业务主要包括查询、转账、子公司账户余额查询、从子公司账户上划转资金、向子公司下拨资金、在子公司间内部调拨资金、用子公司账户对外支付等，不同的银行提供的业务会存在一定的差异。

根据网上银行的业务品种，网上银行的主要业务包括基本网上银行业务、网上投资、网上购物、个人理财助理、企业银行服务及其他金融服务。

1）基本网上银行业务。商业银行提供的基本网上银行业务包括在线查询账户余额、交易记录、下载数据、转账和网上支付等。

2）网上投资。由于金融服务市场发达，可以投资的金融产品种类众多，包括股票、期权、共同基金投资等多种金融产品服务。

3）网上购物。商业银行的网上银行设立的网上购物协助服务，极大地方便了客户网上购物，为客户在相同的服务品种上提供了优质的金融服务或相关的信息服务，加强了商业银行在传统竞争领域的竞争优势。

4）个人理财助理。个人理财助理是网上银行重点发展的一个服务品种。各大银行都将传统银行业务中的理财助理转移到网上进行，通过网络为客户提供理财的各种解决方案，提供咨询建议，或者提供金融服务技术的援助，从而极大地扩大了商业银行的服务范围，并降低了相关的服务成本。

5）企业银行服务。企业银行服务是网上银行服务中最重要的部分之一。企业银行的服务品种比个人客户的服务品种更多，也更为复杂，对相关技术的要求也更高，所以能够为企业提供网上银行服务是商业银行实力的象征之一。一般中小网上银行或纯网上银行只能部分提供，甚至完全不提供这方面的服务。

6）其他金融服务。除了银行服务，大商业银行的网上银行均通过自身或与其他金融服务网站联合的方式，为客户提供多种金融服务产品，如保险、抵押和按揭等，以扩大网上银行的服务范围。

二、电子支付

1. 电子支付的概念

电子支付是指从事电子商务交易的当事人，包括消费者、厂商和金融机构，通过信息网络，使用安全的信息传输手段，采用数字化方式进行的货币支付或资金流转。电子支付采用先进的技术通过数字流转来完成信息传输，其各种支付方式都采用数字化的方式进行款项支付；而传统的支付方式则通过现金的流转、票据的转让及银行的汇兑等物理实体流转来完成款项支付。

2. 电子支付的类型

电子支付是指消费者、商家和金融机构之间使用安全电子手段把支付信息通过信息网络安全地传送到银行或相应的处理机构，用来实现货币支付或资金流转的行为。电子支付的业务类型按电子支付指令发起方式，可分为网上支付、电话支付、移动支付、销售点终端交易、自动柜员机交易和其他电子支付。电子支付是电子商务系统的重要组成部分。

1）网上支付。网上支付是电子支付的一种形式。从广义上讲，网上支付是以 internet 为基础，利用银行所支持的某种数字金融工具，发生在购买者和销售者之间的金融交换，从而实现从买者到金融机构、商家之间的在线货币支付、现金流转、资金清算、查询统计等过程。网上支付为电子商务服务和其他服务提供金融支持。

2）电话支付。电话支付是电子支付的一种线下实现形式，是指消费者使用电话（固定电话、手机）或其他类似电话的终端设备，通过银行系统从个人银行账户里直接完成付款的方式。

3）移动支付。移动支付是指移动客户端利用手机等电子产品来进行电子货币支付，具有时空限制小、方便管理、隐私度较高等特征。移动支付将互联网、终端设备、金融机构有效地联合起来，形成了一个新型的支付体系。它不仅能够进行货币支付，还可以缴纳话费、燃气费、水电费等生活费用。移动支付所使用的移动终端可以是手机、平板电脑等。

3. 电子支付的工具

随着计算机技术的发展，电子支付的工具越来越多。这些支付工具可以分为三大类：①电子货币类，如电子现金、电子钱包等；②电子信用卡类，包括智能卡、借记卡、电话卡等；③电子支票类，如电子支票、电子汇款等。

1）电子现金（electronic cash，E-cash）又称电子货币（E-money）或数字货币（digital cash），是一种以数据形式流通的货币。它把现金数值转换成一系列加密序列数，通过这些序列数来表示现实中各种金额的价值。用户在开展电子现金业务的银行开设账户并在账户内存钱后，就可以在接受电子现金的商店购物了。

电子现金在其生命周期中要经过提取、支付和存款三个过程，涉及用户、商家和银行三方。电子现金的基本流通模式如下：用户与银行执行提取协议，用户从银行提取电子现金；用户与商家执行支付协议，用户支付电子现金；商家与银行执行存款协议，商家将交易所得的电子现金存入银行。

2020 年，我国试点发行数字人民币（e-CNY）。它是由中国人民银行发行的数字形式的法定货币，由指定运营机构参与运营并向公众兑换，以广义账户体系为基础，支持银行账户松耦合功能，与纸钞、硬币等价，具有价值特征和法偿性，支持可控匿名。数字人民币是有国家信用背书、有法偿能力的法定货币。

2）电子钱包（electronic wallet）是电子商务活动中顾客网上购物常用的一种支付工具，是在小额购物或购买小商品时常用的新式钱包。电子钱包一直是世界各国开展电子商务活动中的热门话题，也是实现全球电子化交易和 internet 交易的一种重要工具。目前，我国正在开发和研制电子钱包服务系统。电子商务活动中的电子钱包的软件通常是免费提供的，基于 C/S 结构（客户端/服务器端）可以直接使用与自己银行账号相连接的电子商务系统服务器上的电子钱包软件；基于 B/S 结构（浏览器/服务器），可以从 internet 上直接调出来使用，采用各种保密方式连接 internet 上的电子钱包软件。目前世界上有威士国际的 Visa cash 和英国国民西敏寺银行的 Mondex 两大电子钱包服务系统，其他电子钱包服务系统有惠普公司的电子支付应用软件（VWALLET）、微软公司的电子钱包 MS Wallet、IBM 公司的 Commerce POINT Wallet 软件、万事达卡（Master Card cash）、Euro Pay 的欧元支付卡（Clip）和比利时的 Proton 等。

3）电子支票（electronic check，E-check 或 E-cheque）是一种借鉴纸质支票转移支付的优点，利用数字传递将钱款从一个账户转移到另一个账户的电子付款形式。电子支票的支付是在与商户及银行相连的网络上以密码方式传递的，多数使用公用关键字加密签名或个人身份证号码（personal identification number，PIN）代替手写签名。用电子支票支付，事务处理费用较低，而且银行能为参与电子商务的商户提供标准化的资金信息，因而电子支票是最有效率的支付手段之一。

4）电子资金转账（electronic funds transfer，EFT）是指使用电子通信设备将现金从一方转付给另一方。在电子资金转账过程中不需要使用纸质凭证。银行把现金从一个账户划拨到另一个账户之后，只要记一笔简单的日记账分录就可以了。由于 EFT 成本低廉且使用便捷，因此越来越多的企业开始使用 EFT。

5）智能卡（smart card or IC）是在法国问世的。20 世纪 70 年代中期，法国 Roland Moreno 公司采取在一张信用卡大小的塑料卡片上安装嵌入式存储器芯片的方法，率先开发成功 IC 存储卡。经过 20 多年的发展，真正意义上的智能卡，即在塑料卡上安装嵌入式微型控制器芯片的 IC 卡，由摩托罗拉和 Bull HN 公司于 1997 年研制成功。

智能卡属于半导体卡。半导体卡采用微电子技术进行信息的存储、处理。按照其组成结构，智能卡可以分为一般存储卡、加密存储卡、CPU（central processing unit，中央处理器）卡和超级智能卡。

6）第三方支付就是一些与产品所在国家及国外各大银行签约，并具备一定实力和信誉保障的第三方独立机构提供的交易支持平台。在通过第三方支付平台支付的交易中，买方选购商品后，使用第三方支付平台提供的账户进行货款支付，然后由第三方支付平台通知卖家发货；买方检验物品后，就可以通知第三方支付平台付款给卖家，第三方支付平台再将款项转至卖家账户。

自2010年起，中国人民银行加强牌照管制。在2010年6月中国人民银行公布的《非金融机构支付服务管理办法》中明确指出，从事支付业务需要获得第三方支付牌照。在后续几年中，中国人民银行分批次审核发放支付牌照，也有部分企业违反规定被注销牌照。表6.1中列举的是部分支付牌照发放信息。

表6.1 部分支付牌照发放信息表

批次	日期	数量	代表公司（简称）
首批	2011年5月18日	27	支付宝、财付通、拉卡拉、银联商务等
第二批	2011年8月29日	13	银联电子、银通数码等
第三批	2011年12月22日	61	宝付网络、联通沃易付、中移电子商务等
第四批	2012年6月27日	95	银视通、苏宁易付宝等
第五批	2012年7月20日	1	青岛百达通
第六批	2013年1月06日	26	汇卡商务、上海商旅通等
第七批	2013年7月06日	27	新浪支付、百付宝等
第八批	2014年7月10日	19	畅捷通、帮付宝、理房通等
第九批	2015年3月26日	1	广东广物电子商务

目前国内常见的第三方支付产品主要有支付宝、微信支付、百度钱包、PayPal、中汇支付、拉卡拉、财付通、融宝、盛付通、腾付通、通联支付、易宝支付、随行付支付、中汇宝、快钱、国付宝、物流宝、网易宝、网银在线、环迅支付IPS、汇付天下、汇聚支付、宝易互通、宝付、乐富等。以支付宝为例，第三方支付交易流程如图6.4所示。

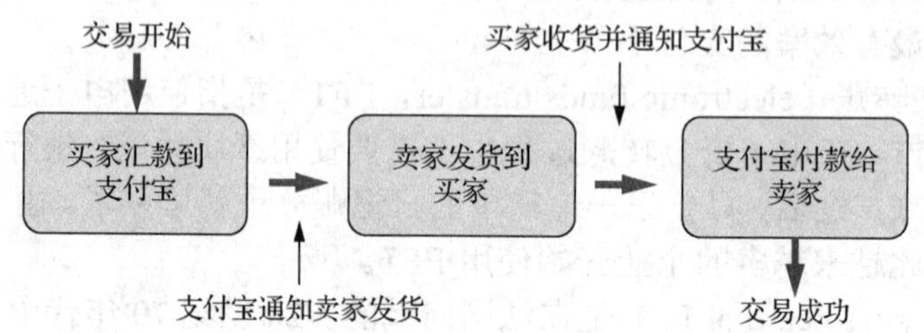

图6.4 支付宝交易流程示意图

三、电子商务安全

1. 电子商务的安全需求

在传统交易过程中，买卖双方面对面完成交易活动，比较容易建立双方的信任关系，保证交易过程的安全性。但在电子商务过程中，买卖双方则是通过网络联系与沟通的，彼此并不熟识，也不容易确认对方的身份，加上internet本身具有不安全性，因而建立双方的信任关系和确保交易活动安全具有一定难度，交易活动的双方都存在一定的问题，如“给钱不发货”“发货不给钱”“订单被第三方修改”等。电子商务面临的这些问题引发了人们对电子商务安全的担忧。目前电子商务的基本安全需求有信息的保密性、数据的完整性、交易者身份的确定性和交易的不可否认性。

1）信息的保密性是指电子商务系统应该对主要信息进行保护，阻止非法用户获取原始数据。例如，在交易过程中涉及的银行卡账户信息在互联网传输时，用户不希望其信息泄露，以免造成麻烦或损失，此时就需要对该信息进行加密后再传输。

2）数据的完整性是指电子商务系统应该提供对数据进行完整性认证的验证方法，确保网络上的数据在传输过程中不被篡改。在交易过程中，信息的保密性只能确保信息不被第三方获取，但并不能解决数据被篡改的问题，如非法用户将订单数据进行篡改等。

3）交易者身份的确定性是指网上交易的双方可能素不相识，相隔千里。因此，要使交易成功，就要想办法确认对方的身份。消费者会考虑商家是不是真实的，会不会是“黑店”；而商家会考虑消费者是否真消费，会不会是“骗子”。

4）交易的不可否认性主要包含源点的不可否认和接收的不可否认。源点的不可否认是指信息的发送方不可否认已发送出的信息，接收的不可否认是指接收方不能否认已收到的信息。因市场行情不断变化，商品的价格也随之波动，若不能解决交易的不可否认问题，则必然会损害一方的利益。

2. 信息加密技术

（1）加密与解密

加密是以某种特殊的计算方式改变原有的信息数据，使其看起来毫无意义，即使未授权的用户获得了已加密的信息，如果不知解密的方法，也无法了解信息的内容。可通过加密将明文信息隐匿起来，使之在缺少特殊信息时不可读，以确保信息的保密性。

加密技术是最常用的安全保密手段，利用技术手段把重要的数据变为乱码（加密）传送，到达目的地后再用相同或不同的手段还原（解密），如图 6.5 所示。加密技术包括两个要素：算法和密钥。算法是将普通的信息或者可以理解的信息与一串数字（密钥）结合，产生不可理解的密文的步骤；密钥是用来对数据进行编码和解密的一种算法。

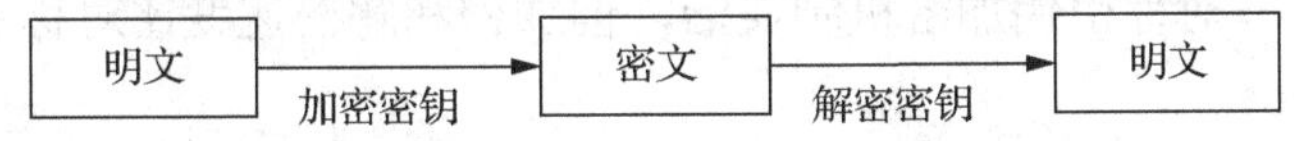

图 6.5 加密与解密示意图

恺撒密码就是一种古老的加密体制，它通过把 26 个英文字母移动一定的位数来实现加密和解密，例如，向后移动三位，则将明文中的 A 字母替换为 D 字母，将 B 字母替换为 E 字母，将 Z 字母替换为 C 字母，如表 6.2 所示。

表 6.2 恺撒密码明文与密文对比

明文字母	A	B	C	D	E	F	G	H	I	J	K	L	M
密文字母	D	E	F	G	H	I	J	K	L	M	N	O	P
明文字母	N	O	P	Q	R	S	T	U	V	W	X	Y	Z
密文字母	Q	R	S	T	U	V	W	X	Y	Z	A	B	C

若现有明文单词“important”，所移动位数 $n=3$，则密文单词显示为“lpsruwdqw”。这种加密的方法比较原始，密钥也只有 26 种，但是其原理为现代高级密码技术奠定了基础。

（2）对称密钥加密与非对称密钥加密

对称密钥加密又称私钥密钥加密，即信息的发送方和接收方用同一个密钥去加密和解密数据，如图 6.6 所示。对称加密技术的最大优势是加密、解密速度快，适合对大数据量进行加密，但存在密钥分发问题和管理的困难。使用对称加密技术需要做到以下几个方面的要求。

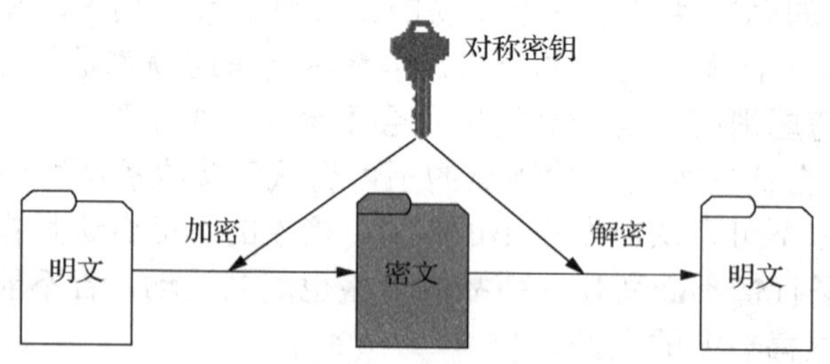

图 6.6　对称密钥加密示意图

① 在首次通信前，双方必须通过除网络以外的另外途径传递统一的密钥。

② 当通信对象增多时，需要相应数量的密钥，n 个用户两两之间需要使用对称密钥，需要 $n(n-1)/2$ 个密钥。

③ 对称加密是建立在共同保守秘密的基础上的，在管理和分发密钥过程中，任何一方的泄密都会造成密钥的失效，存在着潜在的危险和复杂的管理难度。

非对称密钥加密又称公钥密钥加密，它需要使用一对密钥来分别完成加密和解密操作，如图 6.7 所示。一个公开发布，被称为公开密钥（public-key）；另一个由用户自己秘密保存，被称为私有密钥（private-key）。信息发送者用公开密钥去加密，信息接收者则用私有密钥去解密。非对称密钥加密机制灵活，但加密和解密速度比对称密钥加密慢得多。

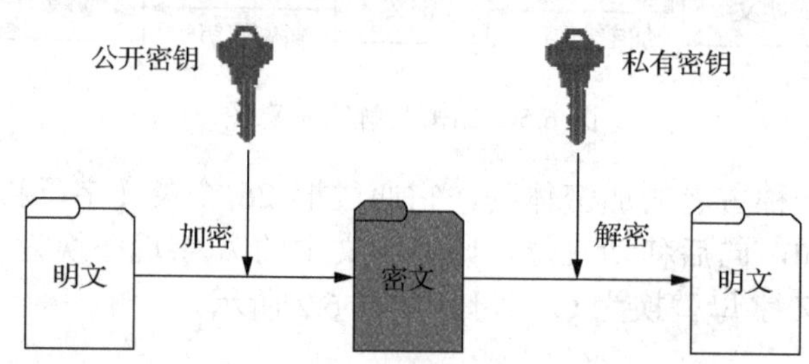

图 6.7　非对称密钥加密示意图

3. 电子商务安全专业术语

（1）认证中心

CA 中心是数字证书认证中心的简称，是指发放、管理、废除数字证书的机构。CA

的作用是检查证书持有者身份的合法性，并签发证书（在证书上签字），以防证书被伪造或篡改，以及对证书和密钥进行管理。

（2）数字摘要

数字摘要就是采用单项 Hash 函数将需要加密的明文“摘要”成一串固定长度（128 位）的密文，这一串密文又称数字指纹。不同的明文摘要成密文，其结果总是不同的，而同样的明文的摘要必定一致。数字摘要可检验原文是否被篡改，检验过程如图 6.8 所示。

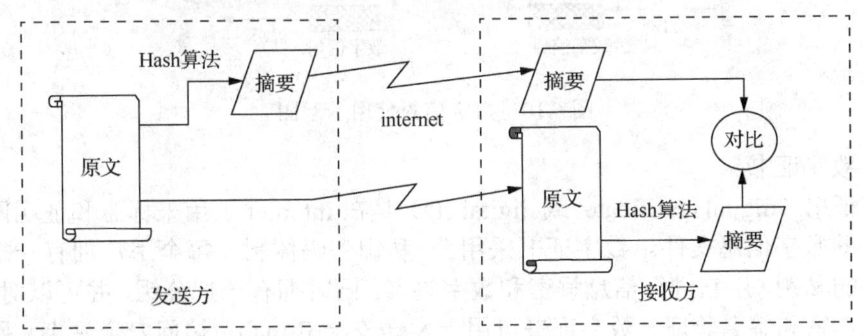

图 6.8　数字摘要使用示意图

（3）数字签名

数字签名（digital signature）是以电子形式存在于数据信息之中或作为其附件，或逻辑上与之有联系的数据，可用于辨别数据签署人的身份，并表明签署人对数据信息中包含的信息的认可。数字签名，就是只有信息的发送者才能产生的别人无法伪造的一段数字串，这段数字串同时也是对信息的发送者发送信息真实性的一个有效证明。数字签名是非对称密钥加密技术与数字摘要技术的应用，一套数字签名通常定义两种互补的运算，一个用于签名，另一个用于验证。数字签名通常用于验证用户的身份，验证过程如图 6.9 所示。

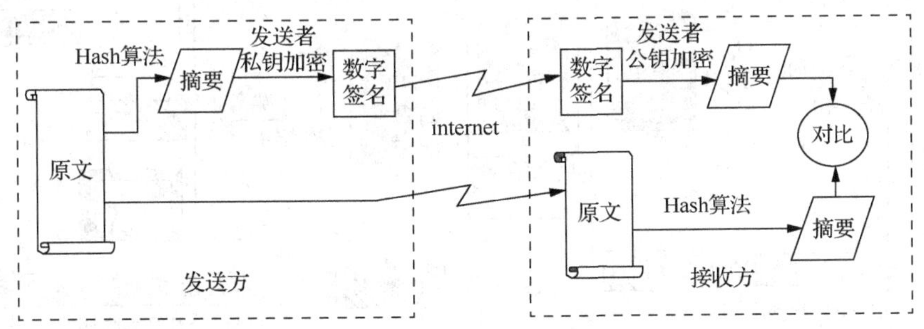

图 6.9　数字签名使用示意图

（4）数字信封

数字信封（digital envelope）是将对称密钥通过非对称加密（即有公钥和私钥两个）的结果分发对称密钥的方法，主要用于对称密钥的分发，过程如图 6.10 所示。

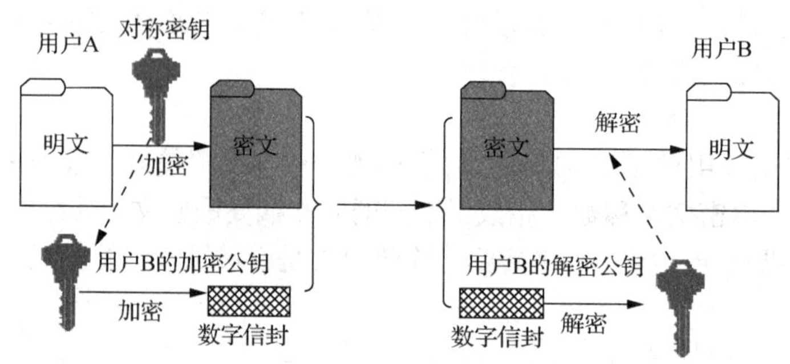

图 6.10　数字信封使用示意图

（5）数字证书

数字证书（digital certificate 或 digital ID）是在 internet 上用来标志和证明网络通信双方身份的数字信息文件。数字证书采用公-私钥密码体制，每个用户拥有一把仅为本人所掌握的私钥，用它进行信息解密和数字签名；同时拥有一把公钥，并可以对外公开，用于信息加密和签名验证。数字证书可用于发送安全 E-mail、访问安全站点、网上证券交易、网上采购招标、网上办公、网上保险、网上税务、网上签约和网上银行等安全电子事务处理和安全电子交易活动。

数字摘要、数字签名、数字信封、数字证书是安全电子交易常用的手段。各种手段常结合使用，构成安全电子交易的体系。综合使用过程如图 6.11 所示。

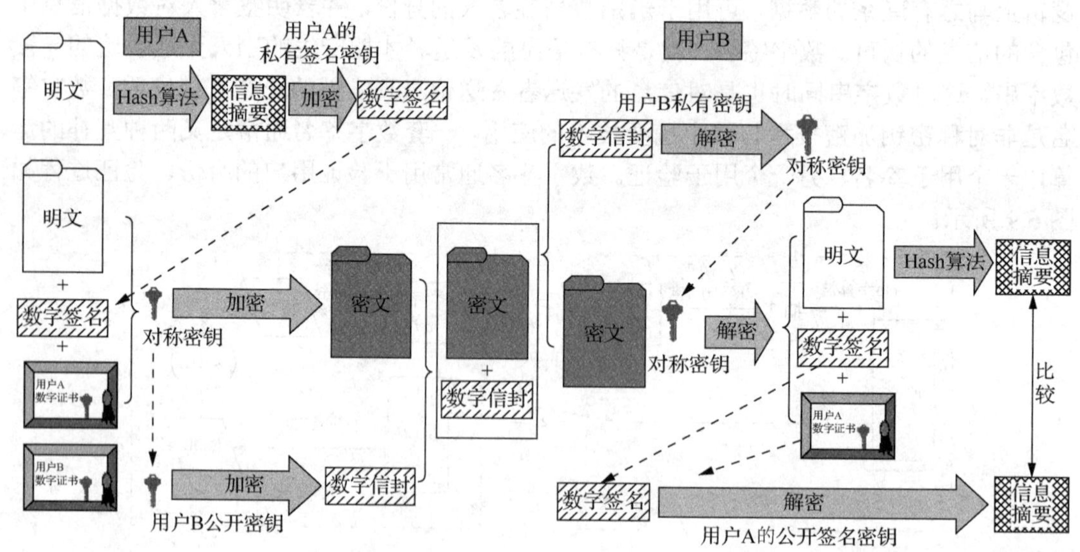

图 6.11　安全电子交易手段综合使用示意图

四、网络交易诈骗防范

随着电子商务的发展，近年网络交易诈骗的事件层出不穷，针对网络店铺卖家或在校大学生的诈骗行为也偶有发生。对于网络诈骗，我们应提高防骗意识，做到以下几点。

1）坚信“天上不会掉馅饼”，谨慎对待中奖类信息。

2）不轻易相信不明网站，对不明网站可以到搜索引擎上搜索该网站信息和网友评论。

知识扩充 6-2

3）不随意在网上输入个人信息，如身份证号码、银行账号、支付密码等。

4）如果发现被骗，第一时间向公安机关报案或通过网络不良与垃圾信息举报受理中心电话 12321 进行举报。

实训任务

实训任务一 网络交易安全分析

（一）任务目标

通过网络搜索网络交易安全相关数据材料，结合日常生活和网络店铺开设过程中所遇现象，学会分析网络交易安全现状、网络交易存在的安全隐患，分析其原因，并提出相应的解决对策。

（二）任务实施

1）团队分工协作。以团队形式、成员间分工协作完成任务，组长及时分配各项任务，如查找资料、总结店铺经验并收集素材、制作 PPT 等。

2）撰写网络交易安全实训报告，并制作 PPT。

3）结合小组成员在网络店铺开设中所遇网络交易安全相关信息，以小组形式汇报 PPT。

（三）完成实训记录表

完成实训任务，记录实训过程，将实训成果填入实训记录表（表 6.3），并填写实训反思。

表 6.3　实训记录表

班级		学号		姓名	
上课时间		实训任务名称			
实训记录					
实训反思					

实训任务二　比较电子货币

（一）任务目标

随着互联网的发展，电子货币形式出现多样化。通过本次实训，分析三种以上电子货币，如数字人民币、支付宝或微信支付、比特币等，区分其不同点。

（二）任务实施

1）团队分工协作。以团队形式、成员间分工协作完成任务，组长及时分配各项任务。

2）撰写实训报告。

3）制作思维导图，团队讲解并分析所选对象的相同点和不同点。

（三）完成实训记录表

完成实训任务，记录实训过程，将实训成果填入实训记录表（表 6.4），并填写实训反思。

表 6.4　实训记录表

班级		学号		姓名	
上课时间		实训任务名称			
实训记录					
实训反思					

项目七
电子商务与物流

学习目标

知识目标

- 了解物流概念产生的过程。
- 掌握物流的定义、分类，以及电子商务物流的特征。
- 了解几种常见的电子商务物流技术。
- 掌握电子商务环境下的供应链管理内容。

能力目标

- 学会用 Excel 制作条形码。
- 清楚大数据下的信息化管理供应链上的角色。

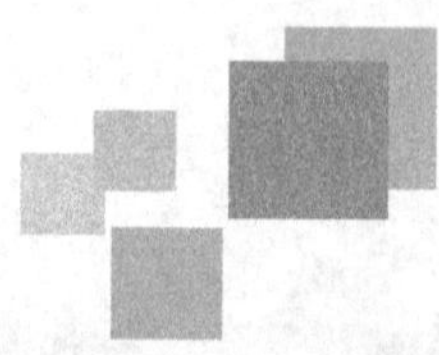

引导案例

京东物流

1. 京东物流概况

京东集团2007年开始自建物流，2012年正式注册物流公司，2017年4月25日正式成立京东物流集团。京东物流以技术驱动、引领全球高效流通和可持续发展为使命，致力于将十余年积累的基础设施、管理经验、专业技术向社会全面开放，成为全球值得信赖的供应链基础设施服务商。

目前，京东物流拥有中小件、大件、冷链、B2B、跨境和众包（达达）六大物流网络，凭借这六张大网在全球范围内的覆盖，以及大数据、云计算、智能设备的应用，京东物流打造了一个从产品销量分析预测到入库出库，再到运输配送各环节无所不包、综合效率最优、算法最科学的智能供应链服务系统。

2019年9月16日，京东物流宣布旗下迷你仓服务产品“京小仓”正式上线。2021年2月16日晚，京东物流向香港交易所主板递交招股书，美银证券公司、高盛集团、海通国际证券集团有限公司为联席保荐人，瑞银集团为财务顾问。京东物流估值可能达到400亿美元。

2. 品牌简介

京东物流隶属于京东集团，以打造客户体验最优的物流履约平台为使命，通过开放、智能的战略举措促进消费方式的转变和社会供应链效率的提升，将物流、商流、资金流和信息流有机结合，实现与客户的互信共赢。京东物流通过布局全国的自建仓配物流网络，为商家提供一体化的物流解决方案，实现库存共享及订单集成处理，可提供仓配一体、快递、冷链、大件、物流云等多种服务。

京东物流基于短链供应，打造高效、精准、敏捷的物流服务；通过技术创新，实现全面智能化的物流体系；与合作伙伴、行业、社会协同发展，构建共生物流生态。通过智能化布局的仓配物流网络，京东物流为商家提供仓储、运输、配送、客服、售后的正逆向一体化供应链解决方案、快递、快运、大件、冷链、跨境、客服、售后等全方位的物流产品和服务，以及物流云、物流科技、物流数据、云仓等物流科技产品。

3. 核心能力

（1）全网覆盖——拥有全球唯一高效协同的六大物流网络

截至2021年9月30日，京东物流运营约1300个仓库，包含京东物流管理的云仓面积在内，京东物流仓储总面积约2300万平方米。京东物流已投入运营41座“亚洲一号”大型智能仓库，形成了目前亚洲规模最大的智能仓群。京东物流大件和中小件网络已实现全国行政区县近100%覆盖，90%区县可以实现24小时送达，自营配送服务覆盖了全国99%的人口，超90%的自营订单可以在24小时内送达。

（2）全景智能——推动物流成为科技创新最佳应用场景

作为技术驱动、数据智能的科技物流企业，京东物流已经搭建起软硬件一体智能物流体系，在数字化仓储、运输、配送等全环节实现 AI（artificial intelligence，人工智能）驱动、智能规划、高度协同和高效履约，提供全渠道+全链条的数字供应链服务。同时，京东物流在无人机、无人车、无人仓、人机交互等智能物流设施上进行了大量的前瞻性布局，用创新驱动物流智能化迭代，推动物流成为人工智能、大数据、物联网、5G 等技术最佳的应用场景。

（3）全链共生——携手全球合作伙伴共同发展

京东物流已经与全球 200 多家行业企业达成共生战略伙伴关系，通过开放、融合、协同发展的行业生态，建设包括商家、行业和整个社会在内的共生价值体系，共同提升物流服务能力，为社会全面创造价值。

（4）全球互通——逐步构建全球“双 24 小时”通路网络

京东物流将通过在全球构建“双 24 小时”通路，实现中国 24 小时通达全球，并提升世界其他国家本地物流时效，实现当地 24 小时送达，帮助中国制造通向全球、全球商品进入中国。

思考：

1）物流对电子商务企业发展有何重要意义？

2）物流对电子商务企业创造的价值表现在哪些方面？

理论知识

一、物流概述

1. 物流概念的产生

物流活动的历史悠久，可以说有了人类社会就有了物流活动，但是人们对物流的研究只有 100 多年的时间。物流在现代商品流通中发挥着极其重要的作用，作为国民经济的一个重要领域，它与社会生产和人们的生活密切相关。

物流（physical distribution，PD）一词最早出现在美国，意思是实物分配、货物流通。1915 年，阿奇·萧（Arch Shaw）在《市场流通中的若干问题》中提出“物流是与创造需求不同的一个问题”，“物资经过时间或空间的转移，会产生附加价值”。此时的物流仅仅局限在销售过程中。

1935 年，美国市场营销协会定义委员会最早对物流进行定义：“物流是包含于销售之中的物质资料和服务在从生产地到消费地流动过程中伴随的各种活动。”很明显，此时的物流是指销售过程中的物流。

对物流的认识是一个不断深化的过程。在第二次世界大战末期，由于前方军事战线变化很快，为了更合理地解决军需用品的供给、各供应基地的合理配置、确定最佳的运输路线及最大限度地减少浪费等供应问题，美国军事部门运用运筹学和相关技术进行科学的研究，创立了“后勤”理论，即将军需品的生产、采购、运输、配给等活动作为一个整体进行统一管理。第二次世界大战结束后，“后勤”一词在企业中广泛应用，又有商业后勤或流通后勤等提法。此时的后勤包含生产过程和流通过程中的物流，是一个范围更广泛的概念。

1962 年，美国管理学家彼得·德鲁克（Peter Drucker）在《经济的黑暗大陆》一文中提出消费者支付的商品价格的大约 5%是由商品流通产生的费用，物流是降低成本的最后领域，强调要重视商品在流通领域的管理。人们开始把降低费用的注意力转移到生产和销售以外的运输、仓储、配送等物流环节上。物流被称为“第三利润源泉”，引起了世界各国的广泛重视。

日本在 1955 年成立生产性本部，为提高流通领域的生产效率，确保经济的顺畅运行和发展，于 1956 年秋天考察了美国的物流。日本考察团回国后便向政府提出重视物流的建议，并在产业界掀起了物流启蒙运动。在日本能率协会内设立物流研究会，邀请平原直（日本“物流之父”）担任会长，每月举办研讨会。1964 年 6 月，日通综合研究所所长金谷璋发表《物的流通的新动向》，正式运用“物的流通”取代“PD”。此外，在 1964 年 2 月发行的《日本的输送革新》一书中也开始大量使用“物的流通”。1970 年以后，很多人觉得“物的流通”名称有点长，于是就简称为“物流”。20 世纪 80 年代初，我国直接从日本引入“物流”这一概念。

相对于“physical distribution”，“logistics”范围更广，因此，现在欧美国家更多地把物流称为“logistics”，而不是“physical distribution”，物流目前比较流行的翻译方法为“logistics”。

知识扩充 7-1

2. 物流的定义

关于物流的定义，不同的国家、不同的机构、不同的时期有不同的解释。

我国 2021 年颁布的中华人民共和国国家标准 GB/T 18354—2021《物流术语》对物流的定义为：根据实际需要，将运输、储存、装卸、搬运、包装、流通加工、配送、信息处理等基本功能实施有机结合，使物品从供应地向接收地进行实体流动的过程。

1985 年美国物流管理协会对物流的定义为：物流是对货物、服务及相关信息从供应地到消费地的有效率、有效益的流动和储存进行计划、执行和控制，以满足客户需求的过程。

2001 年美国物流管理协会对物流的定义为：物流是供应链运作中，以满足客户要求为目的，对货物、服务和相关信息在生产地和销售地之间实现高效率和低成本的流动、储存所进行的计划、执行和控制的过程。

日本对物流的定义为：物流是物质资料从供应者向需求者的物理性移动，是创造时间价值、场所价值的经济活动。它包括包装、装卸、搬运、保管、库存管理、运输、配送等诸多活动。

3. 物流的分类

（1）按照物流研究的范围分类

1）宏观物流，是指从社会再生产总体角度认识和研究的物流活动。

2）微观物流，又称企业物流（internal logistics），是指消费者、生产企业所从事的物流活动。

（2）按照物流活动空间范围分类

1）国际物流，是指不同国家之间的物流。国际物流是现代物流系统发展快、规模大的一个物流领域，它是伴随和支撑国际经济交往、贸易活动和其他国际交流所发生的物流活动。

2）区域物流，是指相对于国际物流而言，一个国家范围内的物流、一个城市的物流和一个经济区域的物流。

（3）按照物流系统性质分类

1）社会物流，是指超越一家一户的以一个社会为范畴、以面向社会为目的的物流。

2）行业物流，是指在一个行业内部发生的物流活动。

3）企业物流，是指从企业角度研究与之有关的物流活动，是具体的、微观的物流。它可细分为企业生产物流、企业供应物流、企业销售物流、企业回收物流、企业废弃物物流等。

（4）按照物流的作用和功能分类

1）供应物流，也称为采购物流，是指为生产企业提供原材料、零部件或其他物品时，物品在供应者和需求者之间的实体流动。这种物流活动对企业生产正常、高效地进行起着重大作用。

2）生产物流，是企业在生产工艺中的物流活动。这种物流活动伴随企业整个生产工艺过程，实际上已构成此生产工艺过程的一部分。

3）销售物流，是指生产企业、流通企业在出售商品时，商品在供需双方间的实体流动，它伴随商品的销售过程产生。

4）回收物流，是指企业在供应、生产、销售等活动中产生的边角料，不合格产品的返修、退货及伴随货物运输或搬运中的包装容器、装卸工具的回收等物流活动。回收的物品是有经济价值的，可以重复利用或使用。

5）废弃物流，是指在流通过程中失去原有使用价值的物品，根据实际需要进行的收集、分类、加工、包装、搬运等，并分送到专门处理场所，整个过程中物品的实体流动。废弃物流处理的物品没有经济价值，但有社会价值。

二、电子商务与物流的关系

1. 物流是电子商务的保障

（1）物流是电子商务的重要组成部分

电子商务是网络经济和现代物流共同创造出来的，是两者一体化的产物。物流虽包含在电子商务中，但人们对电子商务过程的认识往往只局限于信息流、资金流、商流的电子化、网络化，而忽略了物流的电子化过程。电子商务的概念模型由交易主体、交易事务、电子市场和物流、资金流、信息流组成。

电子商务的出现方便了消费者购物，消费者只需在 internet 上搜索、查看、挑选，然后轻点鼠标就可以完成购物过程。但在消费者收到商品之前电子商务活动并没有结束，而商品的流通需要物流来完成，没有物流做保证，电子商务给供需双方带来的便捷都为零。因此，电子商务是信息传送保证，物流是执行保证，没有物流，电子商务只能是一张空头支票。

（2）物流信息化是电子商务的基础

信息技术的发展和普及，正在改变着人们过去的生产、交易及生活方式，流通体制也发生了重大的变化，电子商务、连锁经营、电视直销等新的流通方式的逐步发展，对物流产业发展提出了更高的要求。物流现代化中最重要的部分是物流信息化，是电子商务物流的最基本要求，是企业信息化的重要组成部分。

知识扩充 7-2

2. 电子商务促进物流业的发展

（1）电子商务改变人们传统的物流观念

传统的物流和配送需要企业置备大面积的仓库，而电子商务系统网络化的虚拟则可使企业将散置在各地的分属不同所有者的仓库通过网络系统连接起来，使之成为“虚拟仓库”，进行统一管理和调配，扩大服务半径和货物集散空间。这样的企业在组织资源的速度、规模、效率和资源的合理配置方面都是传统的物流和配送企业所不能做到的，相应的物流观念也是全新的。

（2）电子商务改变物流的运作方式

传统的物流和配送过程由多个业务流程组成，受人为因素影响和时间影响很大。网络的应用可以实现整个物流过程的实时监控和实时决策。

新型的物流和配送业务流程都由网络系统连接。当系统的任何一个环节收到一个需求信息的时候，该系统都可以在极短的时间内做出反应，并可以拟订详细的配送计划，通知各相关的环节开始工作。

这一切工作都是由计算机根据人们事先设计好的程序自动完成的。在电子商务环境下，物流和配送的持续时间会大大缩短，任何一个有关配送的信息和资源都会通过网络管理在几秒内传到有关环节。这对物流和配送速度提出了更高的要求。

（3）电子商务改变物流企业的经营形态

1）电子商务将改变物流企业对物流的组织和管理。

2）电子商务将改变物流企业的竞争状态。在传统经济活动中，物流企业之间存在激烈的竞争，这种竞争往往是依靠本企业提供优质服务、降低物流费用等方面来进行的。在电子商务时代，这些竞争内容虽然依然存在，但有效性大大降低。原因在于电子商务需要一个全球性的物流系统来保证商品的合理流动，对于一个企业来说，即便它的规模再大，也难以达到这一要求。这就要求物流企业应相互联合起来，形成一种协同竞争的状态，以实现物流的高效化、合理化、系统化。

（4）电子商务促进物流基础设施的改善和物流技术与管理水平的提高

1）电子商务将促进物流基础设施的改善。电子商务高效率和全球性的特点，要求物流必须改善物流基础设施。

2）电子商务将促进物流技术的进步。物流技术水平是影响物流效率的一个重要因素，对提高物流效率有着重要的作用。

3）电子商务将促进物流管理水平的提高。物流管理水平的高低直接决定和影响物流效率的高低，也影响电子商务高效率优势的实现。

3. 电子商务物流的特点

电子商务时代的来临，给全球物流业带来了新的发展，使现代物流业具备了一系列新的特点。

（1）信息化

物流信息化是电子商务的必然要求。物流信息化表现为物流信息收集的数据化和代码化、物流信息处理的电子化和计算机化、物流信息传递的标准化和实时化、物流信息存储的数字化等。

（2）自动化

自动化的基础是信息化，自动化的核心是机电一体化，自动化的外在表现是无人化，自动化的效果是省时省力。另外，物流自动化还可以扩大物流作业能力、提高劳动生产率、减少物流作业的差错等。物流自动化的设施非常多，如条码/射频自动识别系统、自动分拣系统、自动存取系统、自动导向车、货物自动跟踪系统等。

（3）网络化

物流领域的网络化有两层含义。

① 物流配送系统的计算机通信网络，包括物流配送中心与供应商或制造商的联系要通过计算机网络来进行。另外，与下游顾客之间的联系也要通过计算机网络通信来进行。例如，物流配送中心向供应商提出订单这个过程，就可以使用计算机通信方式，借助增值网上的电子订货系统（electronic ordering system，EOS）和 EDI 来自动实现，物流配送中心通过计算机网络收集下游客户的订货信息也可以自动完成。

② 组织的网络化，即所谓的组织内部网。例如，我国台湾的计算机业在 20 世纪 90 年代创造了“全球运筹式产销模式”，这种模式基本按照客户订单组织生产，生产采取分散形式，即将全世界的计算机资源都利用起来，采取外包的形式将一台计算机的所有零部件、元器件、芯片外包给世界各地的制造商去生产，然后通过全球的物流网络将这些零部件、元器件和芯片发往同一个物流配送中心进行组装，由该物流配送中心将组装好的计算机迅速发送给客户。可见，物流的网络化成为电子商务下物流活动的主要特征。

（4）智能化

智能化是物流自动化、信息化的一种高层次应用，物流作业过程大量的运筹和决策，如库存水平的确定、运输路径的选择、自动导向车的运行轨迹和作业控制、自动分拣机的运行、物流配送中心经营管理的决策支持等，都需要借助大量的智能化设备才能解决。

在物流自动化的进程中，物流智能化是不可回避的技术难题，专家系统、机器人等相关技术在国际上已经有比较成熟的研究成果。为了提高物流现代化的水平，物流的智能化已成为电子商务下物流发展的一个新趋势。

（5）柔性化

柔性化是20世纪90年代国际生产领域为实现“以顾客为中心”理念提出的。柔性化的物流正是适应生产、流通与消费的需求而发展起来的一种新型物流模式。这就要求物流配送中心要根据消费需求“多品种、小批量、多批次、短周期”的特色，灵活组织和实施物流作业。另外，物流设施、商品包装的标准化，物流的社会化、共同化也都是电子商务下物流模式的新特点。

4. 电子商务物流过程

电子商务物流过程是指消费者完成网络购物，企业（商户）收到发货通知后通知物流机构收取包裹并安排送货，物流机构随后将包裹送至消费者手中，企业（商户）继续跟进售后服务的过程，如图7.1所示（注：图中A代表关闭该网站）。

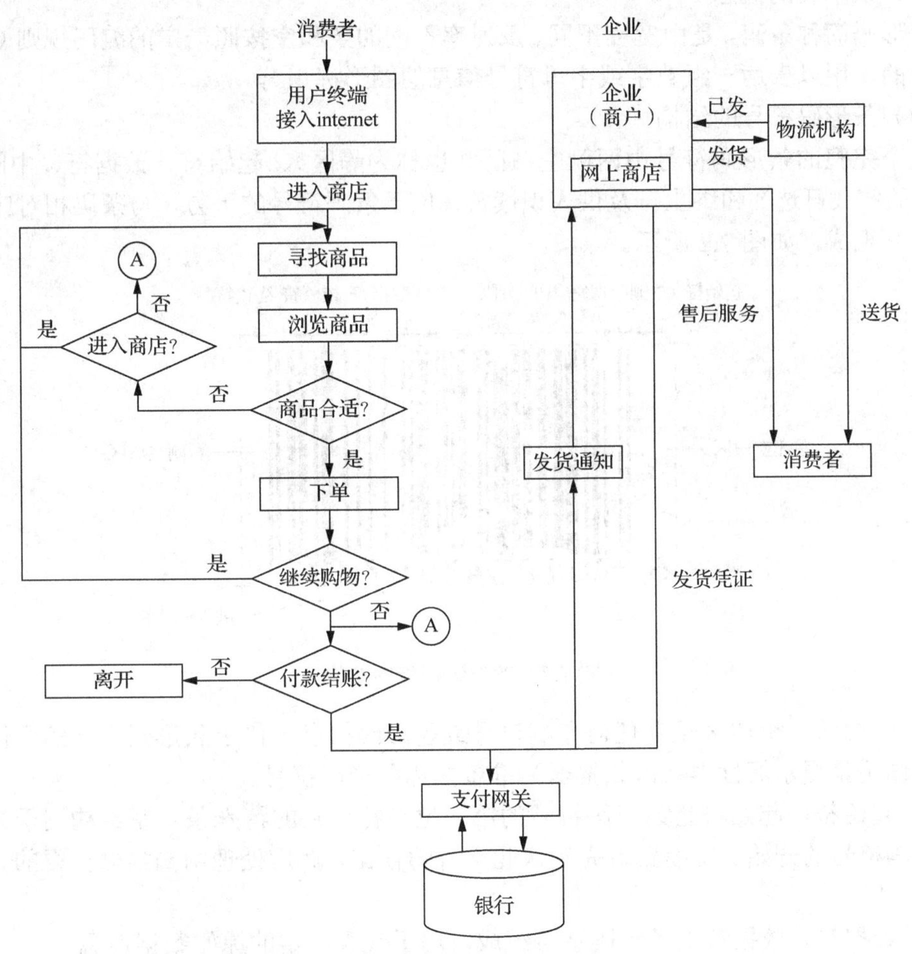

图7.1 电子商务物流过程

三、电子商务物流技术

物流技术一般是指与物流要素活动有关的所有专业技术的总称，既包括各种操作方法、管理技能等，如流通加工技术、物品包装技术、物品标识技术、物品实时跟踪技术等，又包括物流规划、物流评价、物流设计、物流策略等。随着计算机网络技术的应用和普及，物流技术中综合了许多现代信息技术，如地理信息系统（geographic information system，GIS）、全球定位系统（global positioning system，GPS）、EDI、条形码（bar code）、射频识别（radio frequency identification，RFID）等。本节将重点介绍条形码技术、RFID技术。

1. 条形码技术

（1）条形码的概念

条形码简称条码，是由宽度不同、反射率不同的条和空按照一定的编码规则（码制）编制成的，用以表达一组数字或字母符号信息的图形标识符。

（2）条形码符号的结构

一个完整的条形码符号由两侧空白区（也称为静区）、起始符、数据符、中间分隔符、校验符（可选）和终止符及供人识读符（位于条码符号的下方，与条码相对应的13位数字）组成，如图7.2所示。

图7.2　条形码符号的结构

1）空白区。空白区没有任何印刷符号或条形码信息，位于条形码符号的两侧。空白区的作用是提示阅读器（即扫描器）准备扫描条形码符号。

2）起始符。起始符是条形码符号的第一位字符，它的特殊条、空结构用于识别一个条形码符号的开始。阅读器首先确认此字符的存在，然后处理由扫描器获得的一系列脉冲。

3）数据符。数据符由条形码字符组成，用于代表一定的原始数据信息。

4）中间分隔符。位于左侧数据符的右侧，是平分条形码字符的特别符号。

5）校验符。校验符是通过对数据字符进行一种算术运算而确定的。当符号中的各字符被解码时，译码器将对其进行同一种算术运算，并将运算结果与校验符进行比较。若两者一致，说明读入的信息有效。

6）终止符。终止符是条形码符号的最后一位字符，它的特殊条、空结构用于识别一个条形码符号的结束。

7）供人识读符。位于条形码符号下方的数字，与相应的条形码字符相对应，是用于供人识别的字符，最左边一位称前置码。

（3）条形码的分类

条形码可分为一维条码和二维条码（2-dimensional bar code）。

1）一维条码是人们通常所说的传统条码。一维条码按照应用可分为商品条码和物流条码。商品条码包括 EAN 码和 UPC 码，物流条码包括 128 码、ITF 码、39 码、库德巴（Codabar）码等。

2）二维条码根据其构成原理、结构形状的差异，可分为两大类型：一类是行排式二维条码（2D stacked bar code），有代表性的行排式二维条码有 Code 49、Code 16K、PDF 417 等；另一类是矩阵式二维条码（2D matrix bar code），常用的码制有 PDF 417、Data Matrix、Maxi Code、QR Code、Code 49、Code 16K、Code One 等。除了这些常见的二维条码，还有 Vericode 条码、CP 条码、Codablock F 条码、田字码、Ultracode 条码、Aztec 条码等。

2. 二维条码

（1）二维条码的定义

二维条码是用某种特定的几何图形按一定规律在平面（二维方向上）分布的黑白相间的图形记录数据符号信息。它在代码编制上巧妙地利用构成计算机内部逻辑基础的“0”“1”比特流的概念，使用若干个与二进制相对应的几何形体来表示文字数值信息，通过图像输入设备或光电扫描设备自动识读以实现信息自动处理。

（2）二维条码的特点

1）高密度编码，信息容量大。可容纳多达 1850 个大写字母、2710 个数字、1108 个字节，或 500 多个汉字，比普通条码信息容量高几十倍。

2）编码范围广。二维条码可以把图片、声音、文字、签字、指纹等数字化的信息用条码表示出来，可以表示多种语言文字，还可以表示图像数据。

3）容错能力强，具有纠错功能。这使得二维条码因穿孔、污损等引起局部损坏时，照样可以正确得到识读，损毁面积达 50%仍可恢复信息。

4）译码可靠性高。二维条码比普通条码 2%的译码错误率要低得多，误码率不超过千万分之一。

5）可引入加密措施，保密性、防伪性好。

6）成本低，易制作，持久耐用。

7）条码符号形状、尺寸大小比例可变。

知识扩充 7-3

8）二维条码可以使用激光或 CCD（charge coupled device，光耦合装置）阅读器识读。

3. RFID 技术

（1）RFID 的概念

RFID 通常被称为电子标签或电子条码。它是一种非接触式的自动识别技术，通过射频信号识别目标对象并获取相关数据，识别工作无须人工干预。作为条形码的无线版本，RFID 技术具有条形码所不具备的防水、防磁、耐高温、使用寿命长、读取距离大、标签上数据可以加密、存储数据容量更大、存储信息更改自如等优点。

（2）RFID 系统的组成

知识扩充 7-4

RFID 系统主要由感应标签（tag）、读取器（reader）、天线（antenna）三大部件组成。感应标签由耦合元件及芯片组成，每个标签具有唯一的电子编码，附着在物体上标识目标对象；读取器读取（有时还可以写入）标签信息的设备，可设计为手持式或固定式；天线在标签和读取器间传递射频信号。

（3）RFID 技术的基本工作原理

标签进入磁场后，接收解读器发出的射频信号，凭借感应电流所获得的能量发送至存储在芯片中的产品信息（passive tag，无源标签或被动标签），或者主动发送某一频率的信号（active tag，有源标签或主动标签）；解读器读取信息并解码后，送至中央信息系统进行相关数据处理。

四、供应链管理

电子商务发展的真正突破是 B2B 电子商务，B2B 电子商务是在上下游企业之间从事的网络商务活动，也是网络经济的基础。从参与企业的数量、涉及的金额、交互信息的规模上来看，B2B 都将成为电子商务的主体。在这种环境下，企业不仅要协调企业内计划、采购、制造、销售的各个环节，还要与包括供应商、承销商等在内的上下游企业紧密配合。供应链管理作为新型的管理技术，能够有效地将分散的企业信息化孤岛连接在一起，建立一种跨企业的协作，通过 internet 与电子商务技术把过去分离的业务过程集成起来，实现从生产领域到流通领域一步到位的全业务过程，以实现企业间的优势互补和全社会的资源整合。

1. 供应链管理的概念

知识扩充 7-5

供应链管理（supply chain management，SCM）是对供应链涉及的全部活动进行计划、组织、协调与控制，其目标是将满足客户需求的产品在正确的时间，按照正确的数量、正确的质量和正确的状态送到正确的地点，并使总成本最小或总收益最大。

2. 电子商务供应链管理

（1）基于电子商务的智能供应链管理

当前的供应链系统正向全球化、信息化、一体化发展。通过电子信息技术的运用，供应链中的节点企业能更好地实现信息共享，加强供应链中的联系，使企业提高生产力，为产品提供更大的附加值。

在供应链管理中，从最简单的上网发 E-mail 开始到企业财务管理和复杂的产品排序都可以看作电子商务的底层构件。实际上，供应链管理与客户关系管理共同形成了电子商务用户核心业务的两大支柱。

（2）电子商务的运用对供应链管理的影响

1）电子商务为供应链管理开辟了一个崭新的世界，它全面采用计算机和网络支持企业及其客户之间的交易活动，包括产品销售、服务、支付等。

2）电子商务能够帮助企业拓展市场，拉近企业与客户之间的距离。

3）电子商务可以促进企业间的合作，建立企业与客户之间的业务流程的无缝对接。最终达到生产、采购、库存、销售，以及财务和人力资源管理的全面集成，使物流、信息流、资金流发挥最大效能，把理想的供应链运作变为现实。

在供应链管理中，企业可以运用 E-mail 电子会议、电子营销、EDI 销售点和预测、财务技术手段（如电子资金转账等）、共享数据库等多种电子商务应用技术来改善对供应、生产、库存、销售的管控；与供应商、分销商和客户建立更快捷、更方便、更精确的电子化联络方式，实现信息共享和管理决策支持；同时为将来实现端到端的供应链管理做好准备。在未来的发展中，电子商务仍将是继续主导供应链管理的主要驱动力量。那些只为顾客提供通信和作业能力的电子市场将不再是未来电子商务的领导者，取而代之的将是那些利用智能决策能力、充分释放电子商务潜能的智能供应链。

（3）智能供应链

B2B 模式的电子商务面向企业整个供应链管理，并带来了供应链的变革，使企业降低交易成本、缩短订货周期、改善信息管理和提高决策水平，从质量、成本和响应速度三个方面改进企业经营，增强企业的竞争能力。

在未来 B2B 的市场竞争中，富于创新的公司将追寻电子商务新的发展途径，以超越单纯应用 internet 代替事务处理和通信的情形，充分挖掘电子商务的巨大潜力。

1）智能化是让电子商务变得更强大的关键。美国思科系统公司（Cisco）是使用网络来运作供应链的先驱之一，它利用网络接收客户订单、采购物料、检测产品和管理外协厂商。Cisco 制造的智能化网络集成器（e-Hub）能检测未来供应和需求的不匹配，识别多层供应商中的潜在问题，对相应的公司提出问题警告，并为问题的解决提出可行计划或途径。普通的电子市场允许买卖双方进行在线交易，但这只能是在（通常是离线）建立了相关的合同条款之后。因此，交易的范围受到限制。智能的电子市场应该有决策支持系统来评价可选合同条款，方便双方迅速达成协议，签署的合同也将受电子市场的监控以保证条款的履行。

2）智能可以成为构架价格和供应链管理的桥梁。价格和税收管理已被公认为是继供应链管理和客户关系管理之后又一新的管理技术。它的主要思想是公司应当优化其产品和服务的价格及相关的税收，这种优化应当建立在充分了解供应链成本的基础上。同时，应优化供应链运作，以反映按不同的产品类型和顾客划分所获得的收入。因此，价格决策和供应链决策不应当像过去那样是独立的，应当进行集成，这是在供应链管理中注入智能的另一个途径。

3）智能应当允许电子市场进行设计协作。设计思想、新产品概念、设计和制造接口、新材料使用、可选物料清单和市场接收等都可以通过电子市场进行协作。

3. 电子化的供应链

（1）供应链管理的 internet/intranet 集成思想

随着网络安全性的提高，internet 将成为电子交易的全面处理工具，整个市场的供应链将被重组。基于 internet/intranet 的供应链管理信息系统，将实现企业全球化的信息资源网络，可以更好地在信息时代实现企业与企业之间的信息组织与集成。

internet、intranet 和 extranet 等关键技术的应用使很多企业实现经营的一体化。今后，这些技术领域的市场空间是相当可观的。一般企业可以通过高速数据专用线连接到 internet 骨干网中，通过路由器与自己的 intranet 相连，再由 intranet 内的主机或服务器为其内部各部门提供存取服务。

（2）供应链管理的电子化

以高速和低成本与客户和供应商进行交流与协作是有效供应链管理成功的关键因素，而完全电子化的供应链（E-chain）是未来发展的趋向。支持未来供应链管理的信息系统将是 ERP（enterprise resource planning，企业资源计划）和电子商务平台的完美结合。

通过客户和供应商网络进行有效的协作是现代供应链管理的核心本质。提高生产率、降低成本和增强客户服务的潜力是无限的。然而，这种对电子商务手段的有效应用，对信息质量的要求将比以往更加严格。实际上，从信息应用角度看，有效的供应链管理是将相关的信息在适当的时候提供给所需要的人。企业间的需求信息、库存状况、订单确认、供应管理和其他业务活动的信息交流，将改变企业销售产品、提供服务和结算收款的方式。快速、集成的信息流可以使电子化的供应链中的每一实体及时响应实际的客户需求和调整实际的物流。这种实时的信息交换还可以大量地节省手工单据处理导致的成本费用。对许多企业而言，有效的供应链管理是新的利润增长点和提高竞争力的手段。

实训任务

实训任务一 用 Excel 制作条形码

（一）任务目标

学会在 Excel 中用内置的“Microsoft BarCode Control 9.0”制作条形码。

（二）任务实施

1. “Microsoft BarCode Control 9.0”控件安装

“Microsoft BarCode Control 9.0”的安装步骤如下。

1）下载“Microsoft BarCode Control 9.0”——MSBCODE 9.OCX（控件名称）。

2）把 MSBCODE 9.RAR 解压打开。

3）把 MSBCODE 9.OCX 复制到路径：C:\WINDOWS\system32。

4）选择“开始”→“运行”→“输入”→“regsvr32 MSBCODE9.OCX”命令，弹出注册成功提示。

2. 条形码制作

1）在菜单栏上右击，在弹出的快捷菜单中选择“控件工具箱”命令或者通过“视图”→“工具栏”→“控制工具箱”打开“控件工具箱”。在弹出的“控件工具箱”中单击“其他控件”按钮，然后在列表中选择“Microsoft Barcode Control 9.0”选项，如图 7.3 所示。

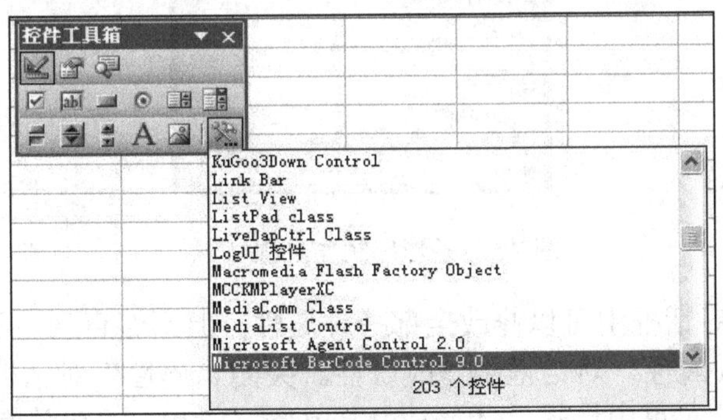

图 7.3 条形码制作过程（一）

2）当光标变成“十”字形时，在工作表中拖动鼠标绘制一个条形码控件，并调整其位置和大小。

3）将该条形码控件与某个单元格形成链接，在这个单元格中改变条形码数字后可以生成相应的条形码，如让条形码控件链接到 A1 单元格。在 A1 单元格中输入条形码数字，然后右击条形码控件，在弹出的快捷菜单中选择“属性”命令（图 7.4）；弹出“属性”对话框，在“LinkedCell”属性右侧输入单元格地址，此处为“A1”，按 Enter 键后可以看到其“Value”属性变成了 A1 单元格中的数值，如图 7.5 所示。

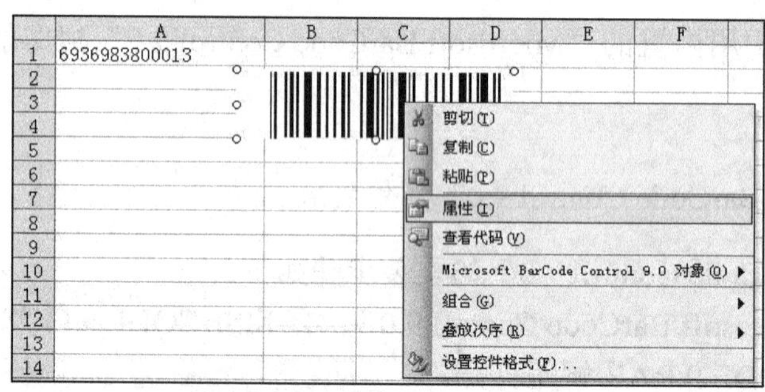

图 7.4　条形码制作过程（二）

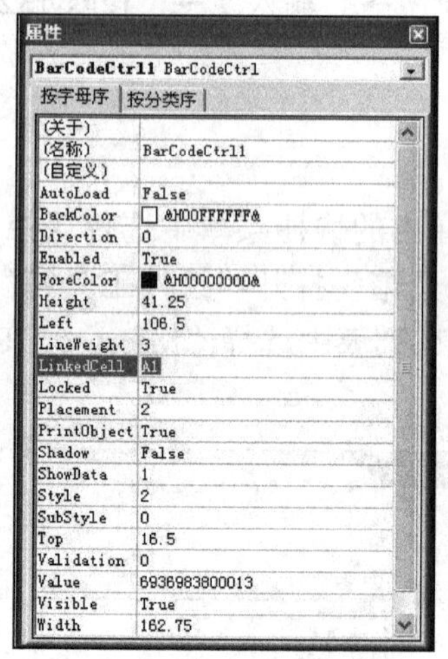

图 7.5　条形码制作过程（三）

4）在“属性”对话框中可以修改全部控件属性，但不够直观，还可以在“Microsoft BarCode Control 9.0 属性”对话框中修改属性。关闭“属性”对话框，再次右击条形码控件，在弹出的快捷菜单中选择“Microsoft BarCode Control 9.0 对象”→“属性”命令，弹出“Microsoft BarCode Control 9.0 属性”对话框（图 7.6），可以根据需要修改其属性，如条形码的方向、是否需要进行有效性验证等。

5）完成属性设置后关闭“Microsoft BarCode Control 9.0 属性”对话框。单击“控

件工具箱”中的“退出设计模式”按钮，如图 7.7 所示。这一步很重要，否则当 A1 单元格中的条形码数字改变后，条形码无法自动更新。

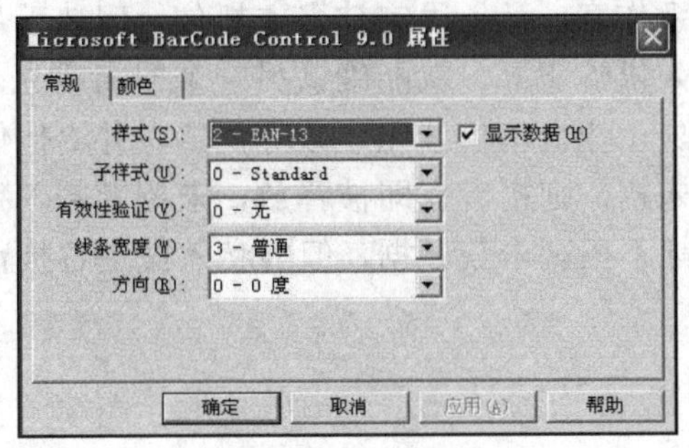

图 7.6　“Microsoft BarCode Control 9.0 属性”对话框

图 7.7　退出条形码制作模式

“控件工具箱”中的“退出设计模式”按钮变成了“设计模式”按钮，条形码控件也变成不可选择的状态。如果要修改条形码控件属性，可以再次单击“控件工具箱”中的“设计模式”按钮。

如果出现当 A1 单元格中条形码数字改变后，条形码控件变成空白的情况，可能是 A1 单元格中的条形码数字不正确所致。例如，当使用默认的 EAN-13 条码时，如果其中包含的字符长度不是 13 位，条形码控件就会变成空白。

3. 条形码打印

条形码制作完成后一般可以直接打印。有时候会出现不能自动刷新的问题，即当更改 A1 单元格中的条形码数字后，条形码会进行相应更改，但打印预览还是上一次的条形码。这个问题可能是该控件的一个故障，解决的方法为选择“文件”→“页面设置”→“打印预览”命令，这时看到的就是更新后的条形码。

实训任务二　囚 徒 困 境

（一）任务目标

通过本次实训，理解在供应链管理中单个企业的发展不仅与企业自身的实力有关，而且与企业相联系的上下游企业的发展情况有关。供应链的管理目标是供应链上所有节点企业，包括最终客户在内的整个供应链网络的竞争力和赢利能力最大化，其中包括总成本最低化、客户服务最优化、总库存成本最低化等。

（二）任务实施

任务的初始状态为：小偷甲和小偷乙联手作案，私入民宅被警方抓住，但缺乏足够的证据指证他们所犯的罪行。如果其中有一人供认犯罪，就能确认另一个罪名成立。为了得到所需的口供，警察将两人分开关押以防止他们串供或结成攻守同盟，并给他们同样的选择机会。政策是若一人招供但另一人未招，则招者立即被释放，未招者判入狱八年；若两人都招则两人各判刑五年；若两人都不招则未获证据，但因私入民宅各拘留两年。

1. 角色设置

可根据实际情况将班级学生分为多组，每组学生五人，其中两人扮演警察（警察甲、警察乙）；两人扮演小偷（小偷甲、小偷乙）；一人扮演监督员。

2. 模拟实施

由警察甲审问小偷甲，告诉他如果他能指证对方，将被无罪释放；如果不指证，有可能会入狱八年。警察乙审问小偷乙并问同样的问题。监督员防止小偷甲和小偷乙串供。

班级可分组实施角色扮演，最后将结果上交。

3. 任务讨论

让扮演小偷角色的学生讲解自己指证与不指证的理由。

学生思考以下问题：在整个过程中，小偷甲或小偷乙指证对方或者不指证对方，是否能决定自己的命运？他们的命运是否受对方的影响？

（三）任务延伸

在社会经济生活中，还有哪些类似“囚徒困境”的现象？供应链管理中节点企业在进行决策时，是否要考虑上下游企业的情况？

实训任务三　啤 酒 分 销

（一）任务目标

通过本次实训，体验在供应链管理中信息不畅造成的需求变异情况。

（二）任务规则

在由消费者、零售商、批发商、制造商和原材料供应商组成的供应链中，每个供应链节点企业接收其相邻节点客户的订单，并考虑现有库存、安全库存及运输过程中的损耗来制定自己的订单，向其供应商发出订单。在供应链中，假定原材料供应商资源充足，需求信息不共享。

各个节点企业的实体初始库存为 12 箱啤酒，实体企业之间存在一周的运输延迟，即发出的订单最早也要一周后才可能到货，初始在途量分别为四箱。任务开始后初始库存量和在途量都会改变，但运输延迟一周不变。

假设各环节中每箱啤酒存货的成本都是 20 元，缺货成本为每箱 50 元。各扮演的角色制定各自的订货策略，整个供应链的总成本最小者获胜。

（三）任务实施

1. 角色设置

任务中指导教师担任司机和消费者角色，并负责适时发布一定的信息。然后可根据实际情况将班级学生分为多组，每组十人。其中，一人担任制造商；三人担任批发商；六人担任零售商，且两个零售商对应一个批发商，如图 7.8 所示。

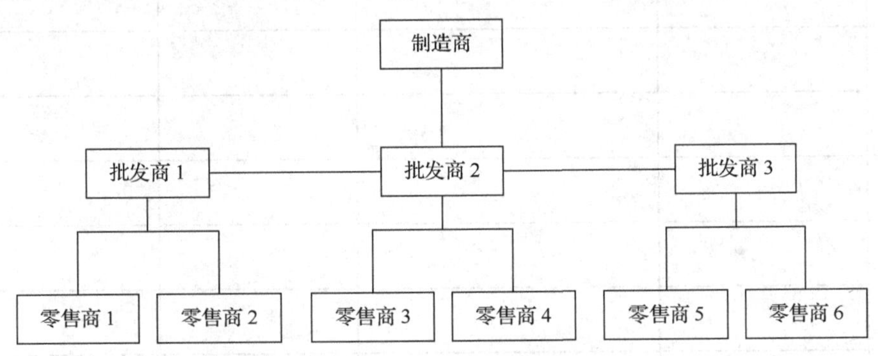

图 7.8　角色设置

2. 任务道具

零售商：每个零售商、角色资料卡一张。订货单 20 张。

批发商：每个批发商、角色资料卡一张。各零售商订发货统计表一张。批发商订货单 20 张，批发商发货单 40 张（20×2=40）。

制造商：每个制造商、角色资料卡一张。各批发商订发货统计表一张。制造商发货单 60 张（20×3=60）。

订发货单均可用自备纸条代替，为便于统计数据。也可用表 7.1 和表 7.2 进行统计。

表 7.1　订货单

小组名称：　　　　　　　　　　你的角色：零售商　批发商　分销商　制造商

周	采购数量	可供应数量	缺货量	累计缺货
1				
2				
3				
4				
5				
6				
7				
8				
9				
10				
11				
12				
13				
14				
15				
16				
17				
18				
19				
20				

表 7.2　统计表

小组名称：　　　　　　　　　　你的角色：零售商　批发商　分销商　制造商

周	存货量	顾客需求量	缺货量	采购数量
1				
2				
3				
4				
5				
6				
7				
8				
9				
10				
11				
12				
13				
14				
15				
16				
17				
18				
19				
20				

3．模拟实施

根据分组情况明确各角色任务，指导教师说明有关注意事项，可在黑板上画出操作流程示意图。在运送商品前两周的时间里，担任司机角色的指导教师要进行指导，监督制造商、批发商的工作情况，以免出现计算错误。

4．任务结束

统计各自存货、欠货、销量及利润情况，上交各自表格及统计数据。

项目八
电子商务创业

学习目标

知识目标

- 掌握创业的内涵。
- 理解创业的意义。
- 掌握电商创业的概念。
- 了解电商创业的形式。

能力目标

- 掌握创业行业的选择方法。
- 辨别创业类型，培养创业意识。
- 规避各种电商创业风险。
- 掌握电商创业的一般方法。

引导案例

黄峥创新拼多多 娱乐社交共电商

黄峥 1980 年出生于杭州的一个普通工人家庭，他天生聪明、从小品学兼优。1998 年，他从杭州外国语学校毕业以后，被保送进入浙江大学（以下简称“浙大”）竺可桢学院，主修计算机专业。

2001 年，网易创始人丁磊因为技术问题的讨论，在网上结识了还是浙大学生的黄峥。互联网大佬与浙大高才生从此成了铁杆网友，丁磊也成了黄峥打开互联网创业的引路人。2002 年，从浙大本科毕业后的黄峥顺利申请到了美国威斯康星大学麦迪逊分校的留学机会。在黄峥留学期间，丁磊把黄峥介绍给了当时在美国生活的段永平，由此黄峥开始了与段永平亦师亦友的交往。段永平早年做成了小霸王，后来创立了步步高，OPPO 和 VIVO 的创始人当年都是他的部下。因为段永平在低潮期投资过网易，所以与丁磊熟识。同为浙大校友的黄峥与段永平相处得不错。2004 年，黄峥获得计算机硕士学位后，听从段永平的建议，放弃微软，加入了当时处于上升期的谷歌，而黄峥有一段时间也帮段永平做过一些投资。谷歌的工作经历给黄铮带来了财富与人脉，他在谷歌期间认识了李开复，后来追随他到中国拓展业务，参与创建了谷歌中国办公室。

离开谷歌以后，黄峥在创业道路上又得到了段永平的大力帮助。2007 年，黄峥从谷歌辞职开始自己创业，段永平把步步高的一块电商业务划给他做。黄峥借此成立了欧酷网，由步步高控股，网站主要销售步步高教育电子产品和 OPPO 蓝光播放机，这是黄峥人生中的第一次创业。2010 年，黄峥卖掉了欧酷，成立了电商代运营公司乐其，帮助淘宝、京东商家开拓网络销售市场。2014 年，黄峥的第三次创业选择了游戏行业，成立了寻梦科技，主要是在微信平台上提供角色扮演游戏，这就是后来拼多多的母公司。游戏的利润很高，根据网易 2014 年财报，网易总收入 124 亿元，其中游戏收入 98 亿元，毛利润达到 84 亿元。做游戏很难避开网易，黄峥自然也少不了听取丁磊的指点。或许正是因为如此，稚嫩的寻梦科技活了下来。根据公开资料，寻梦科技开发了夜夜三国、女神之剑、德州扑克等游戏，大部分都盈利。这三次创业都没有亏本，而且一次比一次赚得多。但是因为游戏研发主力大都是年轻人，缺乏经验，缺少爆款产品，总体表现平平，这才有了后来寻梦科技内部孵化出来的拼多多。2015 年 4 月，拼好货上线，创造了社交电商的新模式。同年 9 月，游戏公司内部孵化出来的拼多多正式上线。一年以后，拼多多用户数、订单数就赶上了唯品会。2016 年 9 月，拼好货与拼多多合并。拼多多项目刚创立时，段永平就是这个项目的天使投资人。

黄峥在接受媒体访问时多次提到了段永平对他的教导与帮助。2006 年，段永平以 62 万美元的高价拍到了巴菲特午餐，当时段永平就带上了 26 岁的黄峥一起与巴菲特交流，可见段永平对黄峥很欣赏。巴菲特午餐对黄峥后来设计拼多多的商业模式产生了巨大的影响。黄峥打了一个比方：如果有 1000 个人在夏天时就想到在冬天要买羽绒服，而且他们愿意按去年的价格出10%的订金给工厂，在这种情况下，工厂可能愿意给这1000个人30%的折扣。因为工厂从这个团购订单里获得了原来不具有的需求确定性，工厂还可以进一步把这种确定性卖给上游和配套厂家来换取工厂成本的降低。从某种程度上来说，拼多多目前主打的“拼团砍价”“拼团抢先预订”策略，实际上就是让大众消费群体向生产企业提前提供了确定性的需求。看得出来，这一理念受到了巴菲特的启发。黄峥把拼多多的经营模式总结为“Costco+Disney”。Costco是美国最大的量贩式连锁超市，中文曾译为“好市多”，现译为“开市客”。在开市客，消费者要支付会员年费才可以购物，所售商品大都性价比高，因为其毛利率一般不超过14%，利润率限高不限低。拼好货就是黄峥把Costco搬到线上的一种尝试。初期，拼好货是靠卖水果起家的。他们的采购团队到全国各地的优质果园进行实地考察、直接采购，以保证水果的品质。Disney中文译为“迪士尼”，是世界著名的娱乐集团。拼好货的娱乐元素来自社交分享，将购物融入娱乐中。“十人拼团、一人免单”其实就是卖家付了10%的推广费，让买家去组团采购，以降低获客成本（即获得客户的成本）。拼成价其实就是将团购折扣返还给拼团的人，所以会刺激买家去拼团，因为对其自身有利。通过上游的品控保证高质量，通过下游的拼团保证采购量，拼多多平台所售商品的性价比就被逐步打造了出来。例如，一些果园现在通过拼多多一天就可以卖出以前一个月的量，没有了中间商，降低了损耗率，消费者到手的水果性价比就可以超过社区里的水果店。这样，拼多多开始走出了社交电商、娱乐购物的另类发展道路。

在拼多多的发展道路上，一连串重量级的人物出现在投资人的名单里。除了前面提到的段永平，孙彤宇（淘宝首任CEO）、丁磊（网易创始人）、王卫（顺丰创始人），这四位被称为“拼多多的四大天使投资人”。孙彤宇还介绍了高榕资本给黄峥，而高榕资本后来连续多轮投资了拼多多。腾讯持续投资了拼多多几十亿美元，成为其第二大股东，更是允许拼多多通过微信分享购物链接，支持其快速做大社交电商。

（资料来源：编者根据网络公开资料整理而得。）

思考：

1）黄峥是如何选定创业项目的？他的创业路径对你有何启发？

2）创业需要整合资源，拼多多是如何整合资源的？它又有着怎样的另类定位？

理论知识

一、创业概述

1. 创业的含义

创业是创业者对自己拥有的资源或通过努力对能够拥有的资源进行优化整合，从而创造出更大经济或社会价值的过程。创业是一种劳动方式，是一种需要创业者运营、组织，运用服务、技术、器物作业的思考、推理和判断的行为。根据杰弗里·蒂蒙斯（Jeffry Timmons）所著的创业教育领域的经典教科书《创业创造》（*New Venture Creation*）的定义，创业是一种思考、推理结合运气的行为方式，它为运气带来的机会所驱动，需要在方法上全盘考虑并拥有和谐的领导能力。科尔（Cole）把创业定义为发起、维持和发展以利润为导向的企业的有目的性的行为。

创业是一个人发现了一个商机并加以实际行动转化为具体的社会形态，获得利益，实现价值。创业作为一个商业行为，致力于创造新事物，如新产品、新市场、新生产过程、新的原材料或组织现有技术的新方法。

2. 创业的内涵与类型

（1）创业的内涵

1）创业者。法国经济学家坎蒂隆（Cantillon）首次将“创业者”概念引入经济学。他认为创业者是指某个人发现某种信息、资源、机会或掌握某种技术，利用或借用相应的平台或载体，将其发现的信息、资源、机会或掌握的技术，以一定的方式转化、创造成更多的财富、价值，并实现某种追求或目标的过程的人。1800年，法国经济学家萨伊（Say）将创业者描述为将经济资源从生产率较低的区域转移到生产率较高的区域的人，并认为创业者是经济活动过程中的代理人。美国经济学家熊彼特（Schumpeter）则认为创业者应为创新者。这样，在创业者的概念中又加了一条，即具有发现和引入新的更好的能赚钱的产品、服务和过程的能力。

中国香港创业学院院长张世平认为创业者是一种主导劳动方式的领导人，是一种无中生有的创业现象，是一种需要具有使命、荣誉、责任能力的人，是一种组织、运用服务、技术、器物作业的人，是一种具有思考、推理、判断的人，是一种能使人追随并在追随的过程中获得利益的人，是一种具有完全权利能力和行为能力的人。

在欧美学术界和企业界，创业者被定义为组织、管理一个生意或企业并承担其风险的人。创业者的对应英文单词是 entrepreneur。entrepreneur 有两种基本含义：一是指企业家，即在现有企业中负责经营和决策的领导人；二是指创始人，通常理解为即将创办新企业或者是刚刚创办新企业的领导人。

2）创业精神。创业精神（entrepreneurship）是指在创业者的主观世界中，那些具有开创性的思想、观念、个性、意志、作风和品质等。创业精神有三个层面的内涵：哲学层次的创业思想和创业观念，是人们对于创业的理性认识；心理学层次的创业个性和创业意志，是人们创业的心理基础；行为学层次的创业作风和创业品质，是人们创业的行为模式。

创业精神包含“对机会的追求、创新和增长”三大主题。对机会的追求是追求环境的趋势和变化，而且往往是尚未被人们注意的趋势和变化；创新包含变革、革新、转换和引入新方法——新产品、新服务或新模式；增长是不满足于现有规模，创业者希望企业能够尽可能地增长。

（2）创业的类型

克里斯琴（Christian）认为创业依照其对市场和个人的影响程度可以分为四种类型，即复制型创业、模仿型创业、安定型创业和冒险型创业。

1）复制型创业。复制型创业往往复制原有公司的经营模式，创新的成分很低。例如，某餐厅厨师离职后创立一家与其原先工作过的餐厅类似的新餐厅。新创公司中属于复制型创业的比率虽然很高，但由于这种类型创业的创新贡献太低，缺乏创业精神的内涵，不是创业管理主要研究的对象。

2）模仿型创业。模仿型创业虽然也无法给市场带来新价值的创造，创新的成分也很低，但与复制型创业的不同之处在于，其创业过程对于创业者而言具有很大的冒险成分。例如，某贸易公司的经理辞掉工作，开了一家当下流行的网咖店。这种形式的创业具有较高的不确定性，学习过程长，犯错机会多，代价也较高昂。这种创业者如果具有适合的创业人格特性，经过系统的创业管理培训，掌握正确的市场进入时机，还是有机会获得成功的。

3）安定型创业。安定型创业虽然为市场创造了新的价值，但对创业者而言，其本身并没有太大的改变，做的也是比较熟悉的工作。这种创业类型强调的是创业精神的实现，也就是创新的活动，而不是新组织的创造，企业内部创业即属于这一类型。例如，研发单位的某小组在开发完成一项新产品后，继续在该部门开发另一项新产品。

4）冒险型创业。冒险型创业除了会给创业者本身带来极大改变，也给创业者个人的前途带来很高的不确定性。对新企业的产品创新活动而言，从事这种类型的创业也将面临很高的失败风险。冒险型创业是一种难度很高的创业类型，有较高的失败率，但成功后所得的报酬也很惊人。这种类型的创业如果想要获得成功，必须在创业者能力、创业时机、创业精神发挥、创业策略研究拟定、经营模式设计、创业过程管理等各方面都有很好的搭配。

3. 创业的意义与意识

（1）创业的意义

1）缓解社会就业压力。创业能力是一个人在创业实践活动中的自我生存、自我发展的能力。一个创业能力很强的个人不但不会增加社会的就业压力，相反还能通过自主创业活动为社会创造大量的就业机会，缓解社会的就业压力。因此，世界各国政府普遍把创业视为拉动就业的手段。

2）推动国家持续发展。美国前总统里根曾说，一个国家最珍贵的精神遗产就是创新，这是国家强大与繁荣的根源。创新是一个民族的灵魂，是一个国家兴旺发达的不竭动力，创业则是创新的最佳载体，一个缺乏创业和创新的国家是无法实现持续发展的。

3）实现自我人生价值。通过自主创业，创业者可以把自己的兴趣爱好与职业和事业紧密结合，做自己最感兴趣、最愿意做和最值得做的事情；可以最大限度地发挥自己的才能，最大限度地获取经济报酬。从创业实践来看，许多人创业的主要原动力来自谋求自我人生价值的实现。

4）提高自身综合素质。通过创业实践，创业者可以充分调动自己的主观能动性，改变自身的就业心态，自主学习，独立思考，并学会自我调节与控制，提高自身综合素质。即使创业失败了再去就业，也比未经过创业锻炼的人明显更具备竞争力。

（2）创业意识

创业意识是指人们从事创业活动的强大内驱动力，是创业活动中起动力作用的个性因素，是创业活动的主要驱动因素。以下就创业意识的四大要素和五大内容进行分析。

1）创业意识包含以下四大要素。

① 创业需要。创业需要是指创业者对现有条件的不满足，并由此产生的最新的要求、愿望和意识，是创业实践活动赖以展开的最初诱因和最初动力。但仅有创业需要，不一定有创业行为。空想者大有人在，只有创业需要上升为创业动机时，创业行为才有可能发生。

② 创业动机。创业动机是指推动创业者从事创业实践活动的内部动因。创业动机是一种成就动机，是竭力追求获得最佳效果和优异成绩的动因。有了创业动机，才会有创业行为。

③ 创业兴趣。创业兴趣是指创业者对从事创业实践活动的情绪和态度的认识指向性。它能激活创业者的深厚情感和坚强意志，使创业意识得到进一步的升华。

④ 创业理想。创业理想是指创业者对从事创业实践活动的未来奋斗目标较为稳定、持续的向往和追求的心理品质。创业理想属于人生理想的一部分，主要是一种职业理想和事业理想。创业理想是创业意识的核心。

2）创业意识包含以下五大内容。

① 商机意识。真正的创业者，会在创业前、创业中和创业后，始终面临识别商机、发现市场的考验。创业者必须有足够的市场敏锐度，可以宏观地审视经济环境，洞察未来市场形势的走向，以便做出正确的决策来保证企业持续发展。

② 转化意识。仅有商机意识是不够的，还要在机会来临时抓住它，也就是把握机会，把商机转化成实实在在的收入和公司的持续运作，最终实现自己的创业梦想。转化意识就是把商机、机会等转化为生产力；把知识才能转化为智力资本、人脉资本和营销资本。

③ 战略意识。创业初期需要制订一个合理的创业计划，解决如何进入市场、如何卖出产品等基本问题。创业中期需要制定整合市场、产品、人力方面的创业策略，转换创业初期战略。需要指出的是，创业战略不止有一种，也没有绝对的好坏之分，关键要适合自己的创业之路。在这条路上应时刻保持着战略的高度，不以朝夕得失论成败。

知识扩充 8-1

④ 风险意识。创业者要认真分析自己在创业过程中可能遇到的风险，当这些风险出现时，要懂得如何应对和化解。创业者是否具备风险意识和规避风险的能力，将直接影响创业的成败。

⑤ 勤奋/敬业意识。事业成功虽然有运气在其中，但主要还是靠勤奋。

勤劳苦干可以提高自己的能力，使自己获得更多的机会。创业者一定要务实勤奋，不能光说不练。可以从小投资开始，逐步积累经验，不能只想一夜暴富。没有资金和人脉不要紧，关键要有思路和想法，有勇气迈出第一步，这样才有可能成功。

二、创业行业的选择

俗话说："男怕入错行，女怕嫁错郎。"尤其是对于创业这样高风险的事业的行业选择来讲，更应该特别谨慎。中国有着 14 亿的庞大人口规模和多种多样的刚性需求，这些需求基于几千年来的传统与文化，更是由企业与产品的不断创新而推动。中国有很多产业已经达到相当的规模，而以下"五种经济"或许有更多的增长机会。

1. "舌尖"经济

2020 年，中国实现全面脱贫。随着中国人均财富的增长，民众的消费能力也在迅速提升，尤其是在餐饮消费方面。与欧美等诸多发达国家的餐饮需求相比，中国在这方面的需求不仅源自庞大的人口基数，它更是一种全面且复杂的需求。与汉堡、牛奶、可乐、果汁等简单的西方饮食类型相比，火锅、烧烤、白酒、零食等复杂的中式餐饮或许更有创业机会。中国人的"舌尖"需求对未来经济的贡献不容忽视，并且已经呈现出较西方国家更为丰富多样的细分乃至微分市场。

据预测，2019～2024 年，中国餐饮市场规模将以约 7.2%的复合年增长率从 46 721 亿元增至 66 136 亿元，主要由家庭开支上升、城市化率提高、外卖服务增长强劲及中国市场的数字化平台及科技发展所推动。

2. "网购"经济

由于中国的商业流通渠道层级过多，商品的终端价格虚高，网购让消费者体验到了前所未有的物美价廉与便捷服务。"淘宝"教育和培育出了中国庞大的网购人群，电子商务随之在中国获得了广大消费者的普遍认同。在 80 后与 90 后甚至 00 后为消费主体的年代，基于互联网的思维、生产与消费方式可以说已经改变了中国社会的方方面面，也已经成为推动中国经济发展的主要力量之一。

根据国家统计局数据，2020 年，全国网上零售额达 11.76 万亿元，同比增长 10.9%；实物商品网上零售额达 9.76 万亿元，同比增长 14.8%，占社会消费品零售总额的比例接近 1/4。网络零售在促消费、稳外贸、扩就业、保民生等方面的作用不断增强。

3. "人流、物流"经济

持续增长的人口流动正是经济处在扩张和繁荣中的一个标志。当下的中国，毫无疑问是全球人口流动与物资流通规模最大的国家。人口流动所带来的经济效益是跨地域和跨行业的，是经济发展的重要推动力量。物资流通在今天的中国日益成为常态，每天都有大量的物资在各地进行流转。基于人口流动和物资流通带来的巨大创业机会具体体现在旅游度假、交通出行、餐饮住宿、物流快递等行业中。

根据国家邮政局公布的数据，2020年，全国快递服务企业业务量累计完成833.6亿件，同比增长31.2%；业务收入累计完成8795.4亿元，同比增长17.3%。其中，同城业务量累计完成121.7亿件，同比增长10.2%；异地业务量累计完成693.6亿件，同比增长35.9%；国际/港澳台业务量累计完成18.4亿件，同比增长27.7%。

4. “消费升级”经济

在2015年以后，中国人的消费升级日益明显。相当一部分中国人已经从“追求廉价消费”转变为“追求品质消费”，即“消费升级”的年代已经到来。例如，近些年来，大量人工智能产品已经开始走进千家万户，具有良好品质的升级产品即使价格较高，依然受到消费者的青睐。

《2020年中国家电行业半年度报告》显示，2020年上半年度，中国家电市场零售额总计约3365亿元，包含智能扫地机在内的吸尘机类目家用电器零售额同比增长率为14.7%，零售量同比增长率为15.7%，增长速度领先于其他家用电器。“从扫把到扫地机”的消费升级如图8.1所示。

图8.1 “从扫把到扫地机”的消费升级

5. “文化产业”经济

2020年，中国首次成为全球票房第一的电影市场。中国电影产量已位居世界第三，电视剧产量位居世界第一，出书量位居世界第一，游戏玩家数量居世界第一。但令我们尴尬的是，中国文化产业链效率和国际竞争力均整体落后于日本、韩国等国家。“文化产业”是智力创造产业，对于自然资源的依赖较少，对于人力资源的依赖较多。相较于美国迪士尼依赖动画片及其衍生产品每年营收数百亿美元，韩国将发展文化产业视为一项基本国策，日本动漫产业成为日本第三大支柱产业，中国的文化产业距离世界一流强国水平还有很长的路要走。

2017年，中国电影《战狼2》以56.94亿元人民币的票房跻身当年全球“十大卖座电影”行列（全球排名第六）；2019年的《流浪地球》票房达到46.86亿元人民币，当时排名中国影史第二；2021年的《长津湖》票房达到58亿元人民币，成为当年全球票房第二的电影。上述电影票房数据，一定程度上证明中国已经具备持续生产优质文化产品的实力并且已经走在路上。

三、电商创业基础

1. 电商创业的概念

电商创业与通过其他方式创业并没有本质上的区别，通俗地讲，它就是利用电子商务手段创造价值、开创事业。

2. 电商创业的形式

（1）有形商品

商品是指用于交换的劳动产品。有形商品则是指具有实物形态、通过交换能够带来经济利益的劳动产品。在电商交易中，有形商品仍需借助物流才能实现实际交付。有形商品的电商创业具体包含以下三种形式。

1）批发电子商务。批发电子商务是指专门从事批量商品交易活动的电子商务形式。国内早期电商就是从批发电子商务开始发展起来的，著名的网站包括阿里巴巴、中国制造、环球资源等。

2）零售电子商务。零售电子商务是指把商品出售给个人消费者或社会团体消费者的电子商务形式。国内最具知名度的电商大都属于此种形式，著名的网站包括淘宝、京东、拼多多等。

3）网上拍卖。网上拍卖是以互联网为平台、以竞争价格为核心，建立生产者和消费者之间的交流与互动机制，共同确定价格和数量，从而达到均衡的一种市场经济活动过程。美国电商巨头 eBay 是这种电商形式的代表，阿里旗下的淘宝司法拍卖是目前国内最为知名的此类网站。

（2）无形商品

无形商品是指对一切有形资源通过物化和非物化转化形式使其具有价值和使用价值属性的非物质的劳动产品及有偿经济言行等，包括软件、电影、音乐、电子读物、信息服务等可以数字化的商品。在电商交易中，其特征为无须借助物流、通过网络即可直接送达购买者手中。因此，这类电子商务被称为完全电子商务。无形商品的电商创业具体包含以下五种形式。

1）网上订阅。网上订阅是指企业通过网页安排向消费者提供网上直接订阅，消费者直接浏览信息的电商形式。网上订阅模式主要被商业在线机构用来销售报纸、杂志、有线电视节目等。例如，美国《华尔街日报》在 iPad 电子版订阅价为每月 17.99 美元，而纸质版订阅价为每月 29 美元。

2）付费浏览。付费浏览是指企业通过网页安排向消费者提供计次收费性网上信息浏览和信息下载的电商形式。付费浏览模式让消费者根据自己的需要，在网站上有选择地购买一篇文章、一本书的某一章或者参考书的一页。在数据库里查询的内容也可通过付费获取。另外，一次性付费参与游戏娱乐也是很流行的付费浏览方式之一。例如，万方数据库提供大量付费浏览的论文，爱奇艺提供大量付费观看的视频。

3）广告支持。广告支持是指在线服务商免费向消费者或用户提供信息在线服务，而营业活动全部用广告收入支持。这种形式是目前无形商品最常见、最成功的电商形式。由于广告支持模式需要企业的广告收入来维持，该企业网页能否吸引大量的广告就成为该形式能否成功的关键。能否吸引网上广告主要靠网站的知名度，知名度又要看该网站被访问的次数。广告网站必须为广告效果提供客观的评价和测度方法，以便公平地确定广告费用的计费方法和计费额。例如，我国的四大门户网站——腾讯、新浪、网易和搜狐的早期收益大都来自广告收入。

4）网上赠予。网上赠予是一种非传统的商业运作形式，是企业借助国际互联网用户遍及全球的优势，向互联网用户赠送商品，以扩大企业的知名度和市场份额。通过让消费者试用该商品，促使消费者购买另外一个相关的商品。由于所赠送的大都为无形的计算机软件产品，而用户是通过国际互联网自行下载的，企业所投入的分拨成本很低。例如，许多软件公司提供免费的试用版产品，然后出售收费的升级版产品。

5）专业服务。专业服务是指为他人做事，并使他人从中受益的一种有偿或无偿的活动。它不以实物形式，而以提供劳务的形式满足他人的某种特殊需要。网上的专业服务范围很广，如分类信息领域的 58 同城、旅游领域的携程、导购网站什么值得买、早期专业为淘宝店铺做推广的淘宝客等。这种形式的电商创业大多基于创业者的个人技能和已有条件，资金风险较小。例如，水电工在 58 同城上发布“提供上门水电安装”的信息获取业务，农民在携程上发布“民宿”的信息获取住客等。

3. 电商创业的风险

（1）收入不高难坚持

由于电商创业的资金门槛较低，引来大量创业者加入，带来了行业内部的激烈竞争。以网上的一次“淘宝店主月收入”调查来看，44%的淘宝店主月收入为 1000～2000 元，22%的月收入为 2000～3000 元，2%在 6000 元以上，普遍的讲法是“70%的淘宝店主月收入为 1000～3000 元”。由此可见，电商创业并非“遍地黄金”，收入不高导致了大量电商创业者中途放弃创业。

（2）法律风险需注意

由于竞争激烈，为了获取更高的利润，大量出售“A 货”“超仿”“精仿”名牌商品的店铺充斥于网络。创业者必须清楚，任何没有获得某品牌授权的商家出售该品牌商品均属违法行为，经营“A 货”等仿冒商品存在潜在的法律风险。

（3）物流制约拓市场

电商越不发达的地区，由于缺少物流的规模效益，物流成本越高。与此同时，物流成本越高，对电商不发达地区的市场开拓就越难。例如，某些经营需要冷链配送产品的电商创业者深感某些边远地区的物流成本过高，大大制约了他们对此类新兴潜在市场的开拓。

（4）推广费用占大头

电商业内人士都知道开店费用不是电商的主要费用，推广费用才是最主要的费用。以淘宝运营为例，时常需要“开车报活动”。开车是指开通“淘宝直通车”等付费营销手段，报活动是指报名参加平台的各项活动。上述推广大多需向平台支付费用。以天猫女装类目为例，普遍的推广费用在销售额的20%以上。因此，推广费用过高是电商创业者必须考虑的风险。

（5）人工成本持续上涨

在电商运营过程中会尽可能地采用软件自动化处理，减少对人工成本的依赖，如客服等。但是以大部分电商中小创业者的实践来看，目前某些工作还是必须由人工去完成，如打包、发货、填运单等。工资的刚性上涨（即工资几乎是只涨不跌的）导致了人工成本的持续上涨。对此，电商创业者必须有所预见，需要提前做出预案。

四、电商创业的方法

“草根”创业者在进行电商创业时，缺少办公场地、硬件设备、启动资金、人力资源等必需条件，则可以通过SOHO（small office、home office，自家办公）、进驻政府提供硬件设施的电商创业孵化园、免息贷款、外包给在校生勤工俭学等方式零成本或低成本补齐资源。在创业资源（包括人力、物力、财力等）的整合上建议采用“先用有的、没有去换、然后去借、不行就租、最后才买”的次序，即先用自有资源，然后用交换而来的资源，还不够就用借来的资源，再用租来的资源，最后才用买来的资源。概括地说，就是采用“有、换、借、租、买”的顺序整合资源并为创业所用。

1. 微分领域找机会

电子商务发展至今，在大部分的市场细分领域，竞争已经相当激烈，难以找到切入点与突破口。但是，市场总是处于不断变化之中，商机也在上述变化中若隐若现。电子商务突破了传统商务辐射区域物理半径的限制，卖家竞争来自全网，买家区域也来自全网，因此，其市场细分会更加细化，乃至微分。

例如，某品牌主打“民族风”服饰，已成著名线上品牌，线下却从未见其实体店铺。由于“民族风”服饰的“小众化”特点，该品牌在全国仅有十万量级的消费者群体，且分布在全国上千个县级行政区。商家通过数个线上店铺即可基本辐射到上述消费者群体，如果通过线下店铺则需要数百个线下店铺的规模，成本孰高孰低，不言而喻。因此，一般来讲，小众市场的产品更适合通过电子商务渠道来覆盖。

四大著名线上女装品牌微分市场风格特点对比如表8.1所示。

表 8.1　四大著名线上女装品牌微分市场风格特点对比

品牌	微分市场风格特点
欧莎	都市白领
韩都衣舍	韩风快时尚
茵曼	棉麻慢生活
裂帛	自然民族风

2. 工匠精神铸品质

女装电商之欧莎、韩都衣舍、茵曼、裂帛

著名企业家褚时健打造的“褚橙”经生鲜电商“本来生活”操盘后，持续热销，引来众多模仿者。然而，多年来却难见品质可与其相提并论的友商竞品，究其原因在于褚时健多年坚持用工匠精神打造出了“褚橙”的优良品质。

褚时健曾阅读大量专业书籍，钻研种植技术，甚至研制了特有的有机肥，创立了工厂式的管理制度。“褚橙”公司有职工共 430 人，其中核心管理层 7 人，管理人员 35 人。褚橙庄园有四个园区，分别由四个作业长和一个副手管理。每个作业区约 1000 亩地、10 万株树，包含 40～50 户农户。每个作业长需要对农户进行技术指导和行政管理，一些跟随公司种植了十几年“褚橙”的农户基本上掌握了公司的种植技术。在褚橙庄园，实行全员数据化管理，不允许出现“也许、可能、差不多”等词汇，所有相关土壤、叶片、施肥总量等也必须有准确的数据。

在灌溉水源方面，公司投入 3000 多万元，将海拔 1600 米的高山泉水通过五条管道引下来，将水管铺到每棵树下；在确保品质方面，在达到收支平衡后，甚至不惜砍树 37 000 棵，在保证 1.1 万吨产能的情况下，不断提高品质，所有褚橙只有达到 24∶1 的甜酸比，才能进行销售；在食品安全方面，“褚橙”选择的是安全标准允许的低毒低残农药。每年 9 月中旬，为了保证 28 天以上的安全期，所有基地一律停止打药。如果一种新药想进入“褚橙”的种植体系，至少需要两年的时间来通过检测。正是这种体现在上述各个细节之中的工匠精神才保证了褚橙的良好品质，赢得了消费者的持续信任与购买。

3. 优势互补组团队

“创业成与败，关键合伙人。”电商创业成败的关键在于组建优势互补的创业团队。被媒体称为“携程四君子”的梁建章、季琦、沈南鹏和范敏，是中国优秀合伙人的典范。他们四人有的懂管理，有的懂技术，有的懂财务融资，有的懂旅游市场，他们携手创业、优势互补，短短四年就将携程打造成为中国 OTA（Online Travel Agency，在线旅行社）领域的第一家上市公司。

梁建章，美国佐治亚理工学院硕士，曾在美国硅谷工作多年，曾任美国 Oracle（甲骨文）公司中国区咨询总监，负责过不少重大项目。2011 年，梁建章获得美国斯坦福大学经济学博士学位，现兼任北京大学光华管理学院经济学研究教授。

季琦，上海交通大学硕士，曾短期旅居美国，1995～2004 年连续创业，平均每两年创办一家企业，其中包括携程、如家、汉庭等著名企业。1999～2010 年，季琦用十余年的时间带领上述三家企业在美国纳斯达克成功上市。

沈南鹏，美国耶鲁大学硕士，曾在美国花旗银行、雷曼兄弟亚洲公司、德意志银行工作，具有丰富的资本市场运作经验，是携程和如家的联合创始人。目前，沈南鹏担任红杉资本高管，其参与投资的企业多家成功上市，连续三年（2018～2020 年）位列美国《福布斯》杂志“全球最佳创投人”榜首。

范敏，上海交通大学硕士，曾就读于瑞士洛桑酒店管理学院（世界著名酒店管理学院），曾任上海新亚酒店管理公司副总经理，上海旅行社（上海新亚国旅）、大陆饭店总经理等职务。目前，范敏担任天海邮轮董事长兼 CEO。

上述四人各有所长，于 1999 年在上海合伙创立携程旅行网。2019 年携程的 GMV（gross merchandise volume，网站成交金额）达到 8650 亿元人民币，剑指万亿级交易量、全球第一大 OTA。

4. 跨界合作做爆款

白酒在电子商务中是一个难得的兼具高客单价与高复购率且渗透率还不高的类目，而酒仙网联合泸州老窖与设计大师将三人炫白酒做成了白酒中的超级爆款。

三人炫由张良、郝鸿峰和许燎源三位酒业大咖联合打造。张良为泸州老窖集团总裁、浓香鼻祖、泸州老窖酿造技艺第 22 代传人；郝鸿峰为酒仙网董事长兼总裁，中国白酒“极致性价比”理论开创者，领导酒仙网成长为世界知名的酒类电子商务综合服务公司；许燎源被誉为中国酒器设计第一人，现任成都大学中国-东盟艺术学院美术与设计学院名誉院长，代表作包括舍得系列、金剑南系列、国窖 1573 精品系列等。三人炫由酿酒大咖张良亲手酿造，销售大咖郝鸿峰定价推介，设计大咖许燎源设计酒器，三人更是亲自为其代言。三人炫酒品如图 8.2 所示。

图 8.2　三人炫酒品酒

仙网之三人炫

专业人士认为，三人炫的酒质确属上乘，可以与市面上每斤200元的白酒匹敌，传统酒企两斤装此类白酒一般定位为400～600元一瓶。三人炫酒质如此优良、包装如此华丽，定价成了一大难题。酒仙网高层经过两小时的激烈讨论，最终定价为2斤装169元一瓶（买一送一），相当于约85元一瓶。这样的定价可以说是击穿了白酒行业的底价。

2014年8月26日，三人炫新品首发的前48小时就创造了狂卖40吨的销售业绩。三人炫销售量突破100万瓶，销售额突破7000万元，只用了84天时间，创造了白酒行业的“销售奇迹”。2015年，这款互联网白酒销量一路飙升，一年卖出300万瓶，销售额超过2亿元，好评率高达99%，一个月内重复购买率高达98%。2017年，三人炫上市三周年之际，其累计销量已经超过1000万瓶。郝鸿峰将其成功经验总结为“三好”：品质好、推广好、渠道好。

知识扩充 8-2

5. 衍生服务拓市场

当很多学生还在淘宝上卖小商品的时候，正在义乌工商学院读大学二年级的小王发现学校的角落里有一家小超市，里面的方便面纸箱每天都会被一抢而空，因为大家都在卖货，每天都需要大量的纸箱来打包，由此他想到了美国加利福尼亚州“卖水的淘金人”[①]的故事。他想既然在网上开店卖货竞争激烈，那么为什么不换种思路，干脆为大家提供纸箱呢？

最初，他收购因印刷错误而被废弃的纸箱卖给做网店的同学。但这种纸箱数量毕竟有限，卖完了就缺货。同时，由于物流费用的问题，纸箱的销售半径十分有限。小王在全国沟通了几百家包装厂，用了几年时间在全国建立了十几个分仓，实现了“就近发货”，没几年就做到了淘宝纸箱类目第一名。在淘宝打好基础之后，他把业务方向延伸到了天猫。小王的旗舰店成为当时天猫第一家纸箱店铺，直到一年后才有其他纸箱商家入驻天猫。长时间的竞争空白，让小王占尽了类目先机。

但是此后，随着竞争者的涌入，纸箱生意利润越来越薄。小王换了种思路，想到在纸箱上打广告，向品牌商收费，再把纸箱免费或者打折销售给商家。因为当每个消费者收到包裹时，第一眼看到的是包装在外面的纸箱，而不是商品本身，这是一个很有价值的场景。为此，他成立了一家公司，定位为电子商务购物场景营销的开创者，根据网购产品的品类、价格、使用场景给消费人群打上很多不同的标签，通过电子商务包裹去触达中国目前主流的消费人群。截至2018年6月，公司已经开发了纸箱广告、快递面单广告、外卖餐盒广告及化妆品小样广告等多种广告产品，合作的线上电子商务商家已经

① 亚默尔年少时受加利福尼亚州淘金热的影响，加入了淘金者的行列。美国西部山谷里气候干燥，水源奇缺，许多淘金者愿意以金币换凉水。亚默尔获知这一情况后放弃淘金念头，由挖黄金改为挖水渠。挖到水渠之后，亚默尔开始向淘金者出售饮用水。有人嘲讽亚默尔：“我们跋山涉水是为了淘金，而你要是只为了卖水，何必到加州这个地方来呢？”面对冷嘲热讽，亚默尔泰然处之。此后，大部分淘金者并没有发财，而亚默尔则以卖水奠定了发展基石，数年后成了美国屈指可数的大富翁。

达到数万家，合作品牌则超过了 200 个。2019 年，公司总共卖出了超过 6 亿个快递箱，小王成了名副其实的“纸箱一哥”。

6. 开创品类占心智

通常说起豆浆机我们会想起“九阳”，说起鸡尾酒我们会想起“RIO”，说起扫地机我们会想起“科沃斯”，这都是因为上述品牌开创了一个新品类，占领了消费者的心智。

在食品类目中，健康与方便往往不可兼得，但如果能通过产品的创新解决这个用户痛点，一个新赛道便会就此被打开。这就是轻食健康品牌——鲨鱼菲特的诞生背景。鲨鱼菲特是其创始人强小明的第二次创业。此前，他从事食品行业电商代运营多年；如今，他从服务商转型品牌商，并从已发展到红海阶段的美味消费赛道切换到健康消费赛道。以即食鸡胸肉为切入点，鲨鱼菲特开始向健康方便速食品牌进发：正式入驻天猫后，用八个月时间销量突破 500 万元，16 个月突破 1000 万元，22 个月突破 2000 万元，26 个月突破 3000 万元，2020 年老客户复购率已接近 40%（2019 年为 15%），登顶 2020 天猫“双十一”鸡胸类目单品销售 Top 榜。而且，自即食鸡胸肉这一爆品之后，鲨鱼菲特还拿下了多个细分品类单品销售第一：魔芋面品类、荞麦面品类、糙米饭品类、玉米粒品类、即食牛肉品类等。

初期，强小明研究数据发现，消费者搜索“鸡胸肉”的增速很快，但点击转化率不高。这说明消费者虽然有购买鸡胸肉的需求，但对平台反馈给他们的产品并不满意。他分析“消费者不满意”的原因主要是鸡胸肉食用不够方便。此前，鸡胸肉大多是以生的、冷冻的状态售卖；鲨鱼菲特研发了“常温、即食、不加防腐剂”的鸡胸肉，由此开创了一个新品类并迅速成为这一品类的领军品牌。强小明认为鲨鱼菲特的功能标签是低负担饮食，解决的饮食问题也是基于生活中的各个场景，如三餐、出差、办公室、健身房等。未来，鲨鱼菲特品牌要用“轻食健康第一品牌”的定位占领更多消费者心智，以提升流量使用的效率。

7. 极致服务赢口碑

一般的中小电商创业者在资本、渠道、人脉方面不如电商大卖家，而大部分创业者一心想做大，殊不知做大的前提是做小。“赶海的螃蟹”把三亚旅游小产品做成了在线旅游大市场，靠的就是极致服务。

退伍军人曾毅于 2007 年在淘宝注册了店铺，开始针对年轻一族细致策划品牌和运作模式。此后，他很快组建了公司，专业从事网络旅游咨询、门票酒店预订、旅游路线专项定制等服务。此后“赶海的螃蟹”淘宝店不断发展壮大，从 0 发展到 4 皇冠，好评率高达 99.99%。但是在很长的一段时间里，公司为了控制运营成本只开淘宝店，不开天猫店。“赶海的螃蟹”定位于只做三亚旅游产品，主打在线散客市场，这是它能够快速成功的关键因素之一。绝大部分海南旅行社兼营三亚与海口两大城市的旅游产品，但是“赶海的螃蟹”放弃海口旅游产品，只做三亚旅游产品。由于公司所在地就在三亚，更能对三亚旅游产品进行深度开发并提供极致服务，反而有利于将产品做深、做透、做出特色。

曾有一位客户因在订购的旅游套餐中吃到了不新鲜的螃蟹而投诉，曾毅不是退餐费，而是全额退了团费，引发了多位现场知情客户的口碑传播。另有一位客户通过“赶海的螃蟹”淘宝店预订了三亚某酒店的客房，当时产品注明了“酒店可上网”。客户入住酒店后向卖家投诉，原因是他把“酒店可上网”理解成“酒店提供可上网计算机”，而实际上是该酒店只提供“网络”，不提供“计算机”。曾毅接到电话投诉后，直接将家里唯一的一台台式计算机送到了客户的酒店房间供其上网使用。这位客户恰巧是媒体记者，当时正急着用计算机赶稿。此事经媒体报道之后，“赶海的螃蟹”开始声名远播。

“赶海的螃蟹”已经成为业界响当当的旅游品牌，近些年来每年销售额都超过 1 亿元，在三亚旅游竞争白热化的市场环境中脱颖而出，成为海南本土专注网络直客市场的业界龙头。

8. 创意产品受欢迎

创意来自人脑的智慧，某些产品因为创意策划可以产生无穷的魅力，成为许多消费者无法拒绝的爆品。例如，某旅游平台曾推出某产品——“一元玩景点”，只要一元就能玩景点。你信吗？

同程旅游在深耕旅游行业十余年后，于 2014 年推出“一元门票”，轰动业界。以苏州乐园为例，正常的门票价格在 100 元以上，而同程在特定日期（非节假日）推出该景点的“一元门票”，立刻引来了抢购。“一元门票”在苏州乐园成功实施之后，同程旅游又将这一模式复制到了全国许多景点，同样吸引了大量抢购。在某景点附近甚至由于游客过多，在门票使用当日造成了高速公路的拥堵。此后在此基础上，同程旅游推出“两元门票”，因其另外一元捐给“壹基金”（由李连杰发起成立的公益基金），被网友称为“既有实惠，又有情怀”的产品。同程旅游官方统计显示：180 天时间，“一元门票”活动席卷全国，超过千万用户参加，同程 App 的排名从第 16 名跃升到第 3 名，客户端订单占比从不足 5%暴涨到超过 70%。

以某景点（最大日接待能力为 1000 人）淡季日均售出 100 张门票、每张门票 100 元计算，景点的日均门票收入为 1 万元。同程旅游在淡季某日以 1 万元的价格对该景点进行包场，以售出 1000 张“一元门票”计算，则可获得 1000 元收入，尚有 9000 元的亏损。同时，同程旅游要求购票游客必须下载同程旅游 App、使用某指定银行卡或使用微信支付才可享受“一元门票”。通过各方资源的整合，某银行卡新用户大增（开卡平均成本从 20 元降至 10 元）、同程旅游 App 下载量激增（累计下载量超过 1 亿次）、微信支付用户暴涨（同程已成为微信平台的旅游产品提供商）。三方均借此活动获得大量用户，另外两方为此向同程旅游支付的费用足以覆盖其成本。此外，由于门票价格奇低，游客在景点周边的“二次消费”特别大方。景点从游客停车、餐饮等方面获得了额外收入，同程旅游则从其他衍生服务（如现场售卖饮料等）中获利。

9. 无牌好货可定制

当前，零售市场渠道变化的最大特征是电子商务崛起，电子商务的最大作用是消解传统渠道层层加价的不透明价格体系。渠道从原来只有交易属性，只是供求双方的成交场所，开始具备一定的生产属性：一方面，通过大数据驱动制造商精准生产；另一方面，渠道商直接参与对供应链的深度改造，推动定制化生产。这些“新生产”的产品，有的就以渠道商品牌来命名，变成渠道商的自有品牌产品。例如，线下屈臣氏大量销售自有品牌产品，MUJI（无印良品）和名创优品所售商品全部来自自有品牌，渠道商已经变身为品牌商。以往的电子商务追求的是到达最终消费者的渠道，即如何“2C”。如今“C2”成为电子商务新的发展方向之一，即由最终消费者来发起销售行为。“C2”是“先销售、后生产”，较之“2C”的“先生产、后销售”，这种改变可以大大降低库存率。必要商城已经成为尝试这一方向的先行者。

在电子商务的持续冲击下，性价比消费已经成为消费主流，特别是刚需高频消费的主流；同时性价比消费开始向品牌化消费渗透，品牌不再只讲究溢价率，也开始追求性价比。例如，高端汽车品牌纷纷推出更加大众化的新系列产品，一些大牌在奥特莱斯开设“工厂直销店”，而小米这样的新兴品牌更是把性价比推向极致，并以“感动人心、价格厚道”作为其价值观。必要创始人毕胜决定通过电子商务来改造制造业和零售业。他希望创办一个平台，通过闭合的“直连”，杜绝假冒伪劣商品；通过缩短流通链条，提高商品流通效率。同时，必要的C2M（customer to manufacturer，用户直连制造商）从用户端发起交易，用户通过必要平台下单后工厂才生产，即“先有订单后生产”，从而在很大程度上减少了库存、压缩了账期。此外，由于跳过了经销商和品牌商环节，产品又都由大牌制造商生产，必要商城里所出售商品的性价比大为提高。传统渠道商品流通链如图8.3所示。

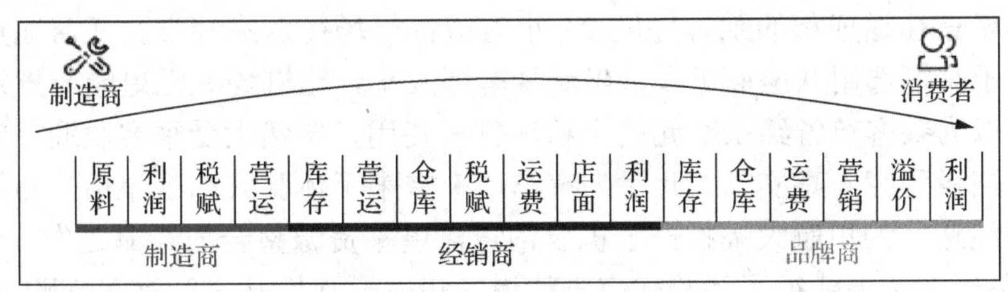

图8.3　传统渠道商品流通链

必要商城商品流通链如图8.4所示。

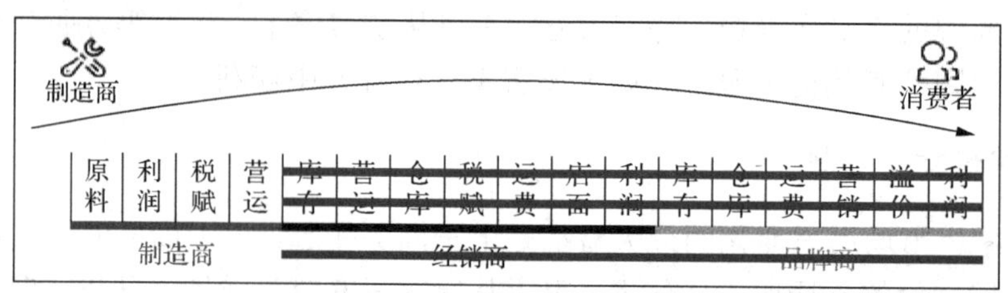

图 8.4 必要商城商品流通链

必要商城的主打客户群体是“以质量为标准，不是很在乎品牌，接受客单价 100～1000 元，年龄为 20～35 岁的人群”。他们为了品质能够有耐心等待生产，对生活有合理的安排，不会很紧急地购买某个商品。这种类型的客户在心理学上被称为“自由型消费群体”，他们的态度浪漫，比较注重生活品质，选择商品标准多样化；既考虑质量，也很注重外观，却不盲从于品牌。上述客户群体定位使得必要在激烈的电子商务红海竞争中找到了一片蓝海，即为有品质需求、无品牌偏好的人群提供超高性价比的产品。

必要商城的生产属性非常突出，它销售的很多产品是和大牌厂家深度合作、独家定制的，有的品牌则完全归属于平台。必要在选择生产商方面有着严苛的标准：一是必须有为全球著名品牌生产的经验；二是必须接受必要商城的定价体系；三是必须拥有原创设计能力或与全球知名设计机构合作，灵活响应消费者的需求变化；四是建议拥有支持个性化订单的柔性制造链。只有满足这些条件且获得产品委员会 80%以上投票通过的生产商，其产品才可以上架销售；如果出现“退货率超过 5%，差评率超过 1%，或者触碰了任何一道红线”，产品立即下架。

10. 资源整合创模式

资源整合就是将合作方各自拥有的资源进行互换、融合投入某一共同运营的项目中，以提高各方的投入产出比、运营效率，实现各方效益最大化。

四川航空公司（以下简称“川航”）购置了 150 台休旅车，在成都机场为购买了川航五折以上机票往返成都的乘客提供 24 小时成都机场往返成都市区任何地点的免费接送服务。由于车辆选用八座商务车，坐满乘客即发车，比机场大巴更能节省乘客的等待时间，还可以为乘客节省约 150 元的出租车打车费用，自然大受乘客欢迎。问题是资源投入各方如何盈利呢？事实上，此举为汽车厂家带来了体验式广告渠道，为司机带来了稳定的客源线路，为川航大幅拉升了机票销量，堪称资源整合的经典之作。

1）汽车厂家从中获得了体验式广告渠道。川航一次性从风行汽车订购 150 台风行菱智 MPV（multi-purpose vehicles，多用途汽车）休旅车，要求挑选高品质的商务车作为旅客航空服务班车来提高川航陆上航空服务的水平。原价每台 14.8 万元的 MPV 休旅车，川航要求以 9 万元每台的价格集中一次性购买 150 台。同时，川航给风行汽车的条件是川航将要求司机在载客途中向乘客介绍车辆优点与车商服务，即在乘客的车辆乘坐体验中顺道帮风行汽车做广告。以每台车一次载客七人（该车为八座商务车）、每天往返三趟计算，150 辆车一年带来的广告受众近 230 万人次（7×3×2×365×150=2 299 500）。正是因为每年超过 200 万人次的受众群体、体验式的广告渠道，风行汽车愿意折价向川航出售 150 台休旅车。

2）司机从中获得了稳定的客源线路。川航向社会征召上述免费巴士司机，并迅速获得了许多原出租车司机的响应。因为四川大部分的出租车司机需要先缴纳一笔和车价相当的保证金才能开始运营，而且只获得出租车的使用权，不具有所有权。川航以一台风行菱智 MPV 休旅车 17.8 万元的价格向征召的这些准司机出售车辆（司机可获得所有权），并以搭载每位乘客 25 元的标准向他们支付费用。司机为什么愿意以高于市场的价格向川航购买车辆呢？因为对司机而言，比起一般出租车“扫马路”找客，川航为他们提供了一条客源稳定的线路。这样的条件当然能吸引许多司机来应征，因为这 17.8 万元还包含了稳定客源、特许经营和统一管理等费用。

3）川航从资源整合中受益最大。首先，川航仅从车辆进销差价即可获利 1320 万元 [(17.8−9)×150=1320]；其次，川航平均每天线上线下多售出了约 1 万张机票；再次，150 台印有“免费接送”字样的休旅车每天在成都机场与成都市区之间往返，为川航进行了品牌传播；最后，川航在与车商签约期满之后还可以通过车体广告出租盈利。据不完全统计，川航的上述免费巴士模式每年可以为川航带来超过 1 亿元的营收。

实训任务

实训任务一　大朴的目标客群与质量标准

（一）任务目标

通过本次实训，了解产品本身是一切创业的基础。“好产品自己会说话。”培养工匠精神，从供给侧发力，打造适合消费升级需求且具备超高性价比的优质产品。

（二）任务实施

1. 公司简介

大朴网由库巴网（2013 年被整合为国美在线）创始人王治全等人二次创业建立，于 2012 年 8 月 28 日上线。大朴是国内一家自主设计、多品类、多品牌运作、全网营销、线上线下同时推进的家纺家居用品公司，旗下已有 DAPU 和 dapubaby 两个品牌。大朴主营高安全性、高质量、高性价比的家纺家居用品，产品线涵盖床品、巾类、内衣裤、鞋袜、婴童、家居服、日化等十余个品类。公司致力于为注重品质生活的消费者提供安全、健康的贴身棉品，以“无甲醛棉品”为主打产品。

2. 质量标准

在质量方面，大朴倡导“无·亦所有”，即产品无甲醛、无荧光增白剂、无致癌芳香胺。大朴采用日本和欧美的安全标准来控制质量，其所有产品都必须通过两套检测方案：一套是国家A类标准（婴幼儿标准）安全检测；另一套是SGS（瑞士通用公证行，世界权威检测机构之一）检测。大朴产品的各项理化指标远远超过行业水平，让消费者放心购买和使用。大朴标准与国家标准、市面普通产品主要项目对比如表8.2所示。

表8.2 大朴标准与国家标准、市面普通产品主要项目对比

项目	特点	大朴标准（SGS检测）	国家标准	市面普通产品
甲醛含量（毫克/千克）	刺激皮肤，可引发癌变，可使婴幼儿智力下降	未检出	允许成品甲醛含量低于75即可	中小厂家使用增加产品的防皱，改善手感
荧光增白剂	用于纺织品产品增白，对皮肤有刺激性	禁止使用	没有要求	大部分产品原材料添加增白剂
致癌芳香胺染料	毒性强于甲醛，无色无味，不溶于水，无法去除，致癌	禁止使用	禁止使用	中小厂家使用，价格低廉，颜色鲜亮
塑化剂	学名邻苯二甲酸，危害儿童，引发儿童性早熟	禁止使用	没有要求	普遍用于床品的软化，增加柔软度
NP和NPEs	用于印染过程，易感染人体内分泌系统	禁止使用	没有要求	很多知名产品在印染过程中使用该化合物
富马酸二甲酯	用作纺织品防腐防霉，刺激皮肤，引发皮肤过敏	禁止使用	没有要求	常用于不合格布料的贮藏过程，防霉
有机锡化合物	用于产品印染过程，危害人体的中枢神经系统	禁止使用	没有要求	劣质产品涂料印染过程添加
pH	过酸过碱易诱发皮肤炎症	4.0～7.5	4.0～8.5	没有具体标准，无保障
面料起球性能	纺织品最担心起球，不仅不美观，而且影响舒适度	达到行业一等品标准	没有要求	无明确标准，起球程度很严重
色牢度/级	色牢度越高，越不易掉色	4～5级	3级	3级及以下
床品针距（针/英寸）	针距越大，缝纫密度越高	12～14	10～12	10以下
内衣针距（针/2厘米）	针距越大，缝纫密度越高	7～9	7～9	没有严格规范，容易跳线

在材料方面，大朴产品采用棉、麻、丝、绒等纯天然材料，最大限度地使用纯天然材料，还原最本质、最自然的舒适感。材质酸碱度为中性，对肌肤完全无刺激。在生产方面，大朴凭借自身的专业能力对品质进行全流程掌控。大朴采用高织高密织造工艺，确保产品的细腻手感与良好透气性。织物色牢度达到国家标准的最高等级，确保经历多次水洗依旧色泽如新。成品出厂前经过预缩处理工序，确保缩水率不超过4%。

（三）任务讨论

1）分析“无甲醛棉品”的市场空间。

2）分析上述产品的目标客户群体。

3）参照大朴的做法，为自己熟悉的某产品制定质量标准。

实训任务二　电商创业市场细分与卖点提炼

（一）任务目标

电商创业一般需要进行市场细分与卖点提炼。通过本次实训，熟悉电商创业市场细分与卖点提炼的一般方法。

（二）任务实施

1）为自己熟悉的某产品进行市场细分（微分）。通过头脑风暴、小组讨论形式填写表 8.3，完成市场细分定位。例如，哈伦裤属于女装大类目之中女裤中类目之下的一种穆斯林妇女裤装，其名称来源于伊斯兰词汇“哈伦”。

表 8.3　市场细分

细分标准	产品名称
大类目	
中类目	
小类目	
细类目	
微类目	
材质	
价格	
风格	
功能	
客户群体	
其他	

2）为上述经过市场细分甚至微分的产品进行卖点提炼策划。通过头脑风暴、小组讨论形式填写表 8.4，完成卖点提炼策划。例如，元気森林是一个专注于年轻一代、口味好喝的健康茶饮品牌，爆款产品——元気森林苏打气泡水主打“0 糖、0 脂、0 卡”。

表 8.4 卖点提炼

提炼角度	产品名称
市场	
品质	
团队	
渠道	
服务	
价格	
竞品	
促销	
公关	
口号	
其他	

参 考 文 献

陈晓鸣，2016．电商创业：基础、案例与方法：O2O创新版[M]．北京：人民邮电出版社．
陈晓鸣，等，2020．电子商务案例分析与创新应用：微课版[M]．北京：人民邮电出版社．
方玲玉，2010．网络营销实务：项目教程[M]．北京：电子工业出版社．
冯俊华，2011．企业管理概论[M]．2版．北京：化学工业出版社．
黄铁鹰，2015．褚橙你也学不会[M]．北京：机械工业出版社．
刘胜春，李严锋，2019．第三方物流[M]．4版．大连：东北财经大学出版社．
孟泽云，2019．新编电子商务概论[M]．3版．北京：电子工业出版社．
娜塔莉·伯格，米娅·奈茨，2020．亚马逊效应[M]．岱冈，译．北京：中信出版社．
邵贵平，2010．电子商务物流管理[M]．北京：人民邮电出版社．
宋文官，2017．电子商务概论[M]．4版．北京：清华大学出版社．
徐骏骅，陈郁青，宋文正，2021．直播营销与运营：微课版[M]．北京：人民邮电出版社．
曾弘毅，2017．淘宝天猫SEO从入门到精通[M]．2版．北京：中华工商联合出版社．
赵芳，2015．电子商务概论[M]．大连：东北财经大学出版社．

附录　电子商务专业术语

一、基础统计类

1）浏览量：衡量网站用户访问的网页数量，在一定统计周期内用户每打开或刷新一个页面就记录一次，多次打开或刷新同一页面则浏览量累计。

2）独立访客数：不同的用户通过互联网访问同一个网页或产品的独立触发用户数，可以理解成访问某网站的计算机的数量。

3）收藏量：用户在访问店铺页面过程中，添加收藏的总次数（包括首页、分类页和宝贝页的收藏次数）。

4）浏览回头客：前六天内访问过店铺当日又来访问的用户数，所选时间段内会进行去重计算。

5）浏览回头率：浏览回头客占店铺总访客数的百分比。

6）平均访问深度：访问深度是指用户一次连续访问的店铺页面数（每次会话浏览的页面数），平均访问深度即用户平均每次连续访问浏览的店铺页面数。在月报-店铺经营概况中，该指标是所选月份日数据的平均值。

7）跳失率：顾客通过相应入口进入，只访问了一个页面就离开的访问次数占该入口总访问次数的比例。

8）人均店内停留时间（秒）：所有访客的访问过程中，平均每次连续访问店铺的停留时间。

9）宝贝页浏览量：店铺宝贝页面被查看的次数，用户每打开或刷新一个宝贝页面，该指标就会增加。

10）宝贝页访客数：店铺宝贝页面的访问人数，所选时间段内同一访客多次访问会进行去重计算。

11）宝贝页收藏量：用户访问宝贝页面添加收藏的总次数。

12）入店页面：单个用户每次浏览店铺时查看的第一个页面。

13）出店页面：单个用户每次浏览店铺时所查看的最后一个页面。

14）入店人次：从该页面进入店铺的人次。

15）出店人次：从该页面离开店铺的人次。

16）进店时间：用户打开该页面的时间点，如果用户刷新页面，也会记录下来。

17）停留时间：用户打开本店最后一个页面的时间点减去打开本店第一个页面的时间点（只访问一页的顾客停留时间暂无法获取，这种情况不统计在内，显示为“—”）。

18）到达页浏览量：到达店铺的入口页面的浏览量。

19）平均访问时间：从打开该宝贝页面到打开下一个宝贝页面的平均时间间隔（用户访问该宝贝页后，未单击该页其他链接的情况不统计在内，显示为“—”）。

20）全店宝贝查看总人次：全部宝贝的查看人次之和。

21）搜索次数：在店内搜索关键词或价格区间的次数。

二、销售分析类

1）拍下件数：宝贝被拍下的总件数。

2）拍下笔数：宝贝被拍下的总次数（一次拍下多件宝贝，算拍下一笔）。

3）拍下总金额：宝贝被拍下的总金额。

4）成交用户数：成功拍下并完成支付宝付款的人数，所选时间段内同一用户发生多笔成交会进行去重计算。

5）成交回头客：曾在店铺发生过交易，再次发生交易的用户，所选时间段内会进行去重计算。

6）支付宝成交件数：通过支付宝付款的宝贝总件数。

7）支付宝成交笔数：通过支付宝付款的交易总次数（一次交易多件宝贝，算成交一笔）。

8）支付宝成交金额：通过支付宝付款的金额。

9）人均成交件数：平均每用户购买的宝贝件数，即人均成交件数=支付宝成交件数/成交用户数。

10）人均成交笔数：平均每用户购买的交易次数，即人均成交笔数=支付宝成交笔数/成交用户数。

11）当日拍下-付款件数：当日拍下且当日通过支付宝付款的宝贝件数。

12）当日拍下-付款笔数：当日拍下且当日通过支付宝付款的交易次数。

13）当日拍下-付款金额：当日拍下且当日通过支付宝付款的金额。

14）客单价：客单价=支付宝成交金额/成交用户数。单日客单价指单日每成交用户产生的成交金额。

15）客单价均值：所选择的某个时间段，客单价日数据的平均值。例如，在月报中，客单价均值=该月多天客单价之和/该月天数。

16）支付率：支付宝成交笔数占拍下笔数的百分比，即支付率=支付宝成交笔数/拍下笔数。

17）成交回头率：成交回头客占成交用户数的百分比，即成交回头率=成交回头客/成交用户数。

18）全店成交转化率：全店成交转化率=成交用户数/访客数。单日全店成交转化率指单日成交用户数占访客数的百分比。

19）全店转化率均值：所选择的某个时间段，全店成交转化率日数据的平均值。例如，在月报中，全店转化率均值=该月多天转化率之和/该月天数。

20）促销成交用户数：参与宝贝促销活动的成交用户数。

21）宝贝页（促销）成交转化率：参与宝贝促销活动的成交用户数占宝贝页访客数的百分比。按月、按周查看报表时，该指标是所选时间段内日数据的平均值。

22）支付宝（促销）成交件数：买家参与宝贝促销活动产生的支付宝成交件数。

23）支付宝（促销）成交笔数：买家参与宝贝促销活动产生的支付宝成交笔数。

24）支付宝（促销）成交金额：买家参与宝贝促销活动产生的支付宝成交金额。

25）非促销成交用户数：未参与宝贝促销活动的成交用户数。

26）支付宝（非促销）成交件数：买家未参与宝贝促销活动产生的支付宝成交件数。

27）支付宝（非促销）成交笔数：买家未参与宝贝促销活动产生的支付宝成交笔数。

28）支付宝（非促销）成交金额：买家未参与宝贝促销活动产生的支付宝成交金额。

三、直通车数据类

1）展现量：推广宝贝在淘宝直通车展示位上被买家看到的次数，不包括自然搜索。

2）点击量：推广宝贝在淘宝直通车展示位上被点击的次数。

3）点击率：推广宝贝展现后的被点击比率。点击率=点击量/展现量。

4）花费：推广宝贝被点击所花费用。

5）平均点击花费：推广宝贝每次被点击所花的平均费用（平均点击花费=花费/点击量）。

6）平均展现排名：推广宝贝每次被展现的平均排名。平均展现排名=每次展现排名的加总/展现量。

7）定向推广：继搜索推广之后的又一精准推广方式。利用淘宝网庞大的数据库，通过创新的多维度人群定向技术，锁定用户的目标买家，并将用户的推广信息展现在目标买家浏览的网页上。

8）默认出价：对同一个宝贝的关键词和类目设置的统一的出价。

9）类目出价：买家通过类目导航选择搜索到宝贝，并点击宝贝后，用户愿意支付的最高点击价格。

10）质量得分：主要用于衡量关键词与宝贝推广信息和淘宝网用户搜索意向三者之间的相关性，其计算依据涉及多种因素。

11）推广内容：直通车的推广标题，是宝贝在直通车展示位上的标题。

12）系统推荐词：系统根据宝贝相关性信息提取的关键词推荐。

13）相关词查询：在搜索框中输入任意词，查询本词及相关词的流量等情况。例如，输入“毛衣”，系统会显示毛衣、韩版毛衣、女式毛衣等关键词及相关信息。

14）正在使用的关键词：当前账户中其他宝贝的关键词。

15）没有推广任何宝贝：推广计划中没有推广宝贝。

16）所有宝贝暂停推广：推广计划中的所有宝贝暂停推广。

17）推广中：宝贝在淘宝直通车账户中处于上线的状态。

18）暂停：宝贝在淘宝直通车账户中处于下线的状态。

19）审核下架：如果直通车上推广的宝贝或者关键词不符合直通车的推广规则或者淘宝网商品发布规则，会显示审核拒绝或者审核下架状态。

20）淘宝下架：当前宝贝在店铺中是不正常出售状态，直通车无法将宝贝同步到直通车内。显示淘宝下架的宝贝不会在直通车展示位上展示，因此也不会产生点击。

21）默认出价：对同一个宝贝的关键词和类目设置的统一的出价。

22）总费用：一段时间内的推广总花费。

23）平均点击费用：平均点击费用=总花费/点击量。

24）推广创意：宝贝的展现形式。在直通车推广位置上，用户的推广以宝贝主图、推广内容的形式展现。

25）无展现词：目前为15天内无展现量的关键词。

26）关键词相关：关键词的添加、删除、出价等关键词管理相关记录。

27）宝贝相关：宝贝参与推广、暂停推广、设置类目出价、修改默认出价等宝贝管理相关记录。

28）账户相关：新建、修改推广计划，日限额、投放城市、投放时间、投放平台设置等推广计划管理记录。

29）推广内容相关：宝贝推广标题的相关记录。

四、来源分析类

1）访客数：店铺各页面的访问人数，所选时间段内同一访客多次访问会进行去重计算。

2）到达页浏览量：通过该来源给店铺入口页面带来的查看次数。

3）到达页浏览量占比：该来源的到达页浏览量占所有来源的到达页浏览量总和的比例。

4）浏览量：店铺各页面被查看的次数。用户多次打开或刷新同一个页面，该指标值累加。

5）浏览量占比：该来源的浏览量占所有来源的浏览量总和的比例。

6）入店访问深度：该来源带来的访客每次入店后在店铺内的平均访问页面数。

7）入店跳失率：该来源带来的访客入店后只访问了该店铺一个页面就离开的次数占该来源访客总入店次数的比例。

8）新访客数：该来源在选定时间段内带来的访问人数中在前六天从未访问过店铺的用户数。

9）新访客占比：该来源带来的新访客占该来源总访客数的比例。